聖なるズー

プロローグ

私には愛がわからない。

ひと口に愛といっても、いろいろなかたちがあるだろう。

博愛、隣人愛、家族への愛、生きとし生けるものへの愛、郷土への愛。恋人への愛。情愛、性愛。書き上げれば数限りない愛があるに違いない。

私がわからないのは、恋人への愛と、それに往々にして絡みついて現れる性愛だ。

私にはセックスがわからない。

セックスとは、この世に存在するいきもののうち数多くの種にとって、それをしないと遺伝子を繋(つな)げない普遍的な行為のひとつだ。哺乳類である人間もまた、異性とのセックスをしなければ子孫繁栄が許されない運命にある。私は女性として男性とセックスし、胎内に子どもを宿して出産すれば、種としての人間に与えられたひとつの課題をこなすことになるのだろう。セックスにそれ以上の意味はないといわれればそこで話はおしまいなのだが、セックスが生殖に限定されるものとは到底思えない。

愛とセックスは、二十数年前から私にとってわけがわからないものになった。このことを考えようとすると、決まってある情景が浮かぶ。

十九歳から二十二歳にかけて、私は東京に住む大学生だったが、アパートに戻ると当時のパートナーから性暴力を含む身体的・精神的暴力を振るわれていた。

部屋には、アルミ製の冷たく硬い棒が置かれていた。窓のシャッターを引き下ろすための道具だった。ある晩、私はその棒で延々、打たれた。夕暮れどきに突如機嫌が悪くなった男は、私を言葉でなじり始め、五時間でも六時間でも詰問し続けた。内容は私が過去にどんな男性を好きになり、どんな男性とどのような付き合い方をし、どのようなセックスをしたかということだった。これまでにすでに何千回と同じ質問を繰り返されていたが、私の回答に男は納得しないばかりか、聞けば聞くほどなにかをかき立てられ、詰問の頻度も内容の気味悪さも増していった。夜中を過ぎると、男は決まって身体的暴力に移っていく。電話線を抜き、携帯電話を取り上げたあとで、男は私を存分にいたぶる。殴られ蹴られうずくまる私を笑って、その晩、男は棒を振り下ろした。背中、脇腹、折りたたんだ脚の側面、首を打たれて、声を上げる気力も奪われ、感情のないなにかの塊になった気分へと私は自分を追いやった。無言でぽろぽろと涙が流れ続けるばかりだった。暴力に抗(あらが)おうと泣き叫んだことは何度もあるが、その晩はもう、諦めていた。

殴るほうも殴られるほうも疲れ切った夜明け、ベッドで朦朧としていたら、「おい」と二度、低い声がした。「燃えてるよ」と男は言った。見れば、私が横たわるベッドマットに火が放たれていた。あと数センチでその火は私を包むところまで迫っていた。だが私は一声も発しなかった。近くに転がる雑誌を漫然と手に取り、ダン、ダン、ダン、と叩きつけた。火は大きかったのに消えてしまった。「ああ、また死ねなかったな」と私は思った。疲れが増して、再び無言で横たわり、眠ろうとした。すると男は「すごいね、全然驚かないなんて」と急に笑顔で近づき、私に覆い被さり、服を脱がせ、私を犯した。まったく反応しない私の身体を弄び、男はヴァギナに透明なジェルを塗りたくってペニスを挿入し、そのうち果てる。

こんなことが延々、四年にわたり、ほぼ毎日のように繰り返された。もちろん、何度も逃げようとした。ただただ目の前の暴力から逃れたくて、二階の部屋の窓から裸足で飛び降り、夜中に町をさまよったのが昨日のことのようだ。警察に通報したことも三度以上ある。当時はまだドメスティック・バイオレンスに対する認識がいまほど浸透していなかったためだろう、警察官は面倒くささを隠しもせずにやってくる。夜中の玄関先で、私とではなく男と男同士で話をし、「痴話喧嘩もほどほどにしてくださいね」とだるそうに言って終わりだ。

男から逃れることはできなかった。

その後、さらに六年間、私はその男との関係を維持した。互いに働き始め、ともにいる時間が物理的に減ったからか、身体的暴力は少なくなった。しかし依然として、精神的暴力と支配関係は続いていた。

私はあのころ、そこよりほかのどこかへ脱することをいつも望んでいたが、現実はそうならなかった。男を愛していると思えたことは一度もないのに、束縛に甘んじている矛盾について、自分に対してさえも説明できなかった。にこにこしていなければあとで殴られるからという理由だけで、外ではものわかりのいい恋人役を演じる。笑う私が内側では引き裂かれていることを、誰も知らなかった。

私はその男と二十八歳で結婚した。閉塞する関係を打ち破れるかもしれない方法が、それ以外になかったからだ。長年、男は私との関係に他人も家族も入り込ませないようにしていた。だが、結婚となればそうはいかない。両家の親族がかかわり合うことになるし、法律も関与してくる。私は最後の賭けのつもりでいた。

たとえばその男がずる賢さをより巧妙に発揮して、暴力を介さずに私を支配することに成功するなら、私は永遠に逃げられないかもしれなかった。しかし一方で、婚姻期間に一度でも暴力を振るわれれば、ついに法律的に別離することができる。可能性は五分五分だった。賭けに敗れれば、私はこの男とずっと暮らさねばならない、それでもいいのかと自分に問うた。殴られるときと同じ、諦めの涙が流れた。幼いころに想像していた結婚とはあまりに違う結婚を、私は選んだ。

しかし、九カ月後、私は賭けに勝った。男に身体的暴力を振るわれ、私は初めて両家にすべてを話すきっかけを得た。とうとう離婚できた日、私は身体の芯がなくなったように感じた。ひとり、新しいアパートで、からっぽの気持ちがした。

そこまでに十年がかかった。離婚が成立してすぐに元気になれたわけではない。それからの十年は、これまでとはまた違う意味で苦しかった。なぜ逃げられなかったのかと自分を責め、なぜ暴力の対象となったのが自分だったのかと怒りを抱き続けていた。

そのころ、私は愛もセックスも軽蔑し、そのようなものを求める世の中を、鼻で嗤うことで苦しみから距離を取ろうとしていた。小心者が偽物の超然を気取る。それが当時の私だった。懸命に生きてはいたが、生き続けるためにだけ生きていて、なんの余裕もなかった。

だが、愛やセックスを軽蔑するだけでは、決して傷が回復しないことは明白だった。根本には、愛とセックスを理解したいというなによりも強い欲求があった。自分を苦しめ続けるこの問題に対して、私は自分なりの視座を持ちたい。

やむにやまれぬその思いに気づいてはいても、目を逸らし続けていた。ようやく本気で向き合おうと思えたのは、三十二歳を過ぎてからだった。暴力が始まって十二年以上がたち、逃れてから三年がたっていた。自分の歩みののろさに苛立ちを感じながらも、私は問題に取り組み始めた。性暴力やドメスティック・バイオレンスに関連する書物を読み漁ることに始まり、話せる相手には思い切って経験を打ち明けるようにもなった。さらに数年して、ドメスティック・バイオレンスに反対するパレードに参加した。動き始めてみようと思ったのだ。

パレードでは、当事者が仮面をつけて原宿から表参道を歩く。私は飛び入りで参加した。もう冷静にこの問題に取り組めるようになっていると、自分では思っていた。当事者として他の当事者らと知り合い、彼らや彼女らと交流するなかで、なんらかのまとまった文章を書こうとしていた。ところが、そのパレードで実際に道を歩いてみると、どういうことだろう、涙が止まらなかった。

その日の東京は晴れていて、原宿も表参道も幸せそうに見えるショッピング客で溢れかえっていた。仮面をつけ、「性暴力・ＤＶ反対」と狼煙を上げて謳い歩く私たちは、異質だった。悲しそうにはふるまっていないのに、日差しと通行人の視線があぶり出すのは私たち皆が抱えているはずの苦しみだった。騒ぎが明るく華やかになるほど、私たちのぎこちなさがあけすけに暴かれる。

パレードやデモというものにそれまで参加したことがなかった私は、通り過ぎる人々から眺められること、その際にどうしても走る緊張、集団となって歩調を合わせることの居心地の悪さ、気を紛らわせようと視線を上げると今度は歩道橋から眺められ、あるいはスマホを向けられ写真を撮られることなどを初めて経験した。

皆と歩くことは、その日の私にとって苦痛でしかなかった。暴力の経験からまだ立ち直れてはいないのだと痛感するに至り、この問題に正面から向き合おうという気にはなれなくなってしまった。

しかしそれでもなお心にわだかまり続けるのは、愛とセックスが絡まり合いながら人を変え、人を傷つけ、人を食い尽くすことがあるということと、それを私は捉え直さなければならないという思いだった。私は解放されたい。だからこそ取り組まなければ。

次の手段を思いつくには、また数年あがき続けなければならなかった。その手段とは、大学院で学術的に愛やセックスについて研究することだった。それまでライターとして積み重ねてきたキャリアから離れるのは惜しかったので、進学するかどうかはずいぶん迷った。しかし、学術というものが、二十年来の苦しみと闘うために身につけるのにふさわしい鎧(よろい)に思えて、私は思い切って三十代の終わりに京都大学の大学院に入学することにした。選んだのは、文化人類学におけるセクシュアリティ研究だった。

セクシュアリティ研究とは、人間の性やそれにまつわる事象、性をめぐる社会的な状況、あるいは性の歴史などに多角的にアプローチする研究分野だ。性に関することであれば、およそなんでも研究対象に含み込む。

だからこそ、当初は性暴力の問題を扱おうとも考えた。しかし、パレードでの経験をふまえると、いったんは傷が深まることが予想され、私にとってそれは得策とは思えなかった。自分自身の問題からは、いまはまだ少し距離を取る必要がある。何か別の方策で、愛やセックスを考えることはできないだろうか。

そう思いあぐねていたときに見つけたテーマが、あるセクシュアリティに関する文化人類学的な考察だった。

それは、「動物性愛」というものである。

この研究課題について誰に話そうとも、最初の反応は決まっている。

「え？」

ほとんど例外なく全員が目を見開き、身体をやや前傾させ、片方の肩を少々すぼめて耳をこちら側に近づけ、聞き直す。

「動物とセックスする人たち？」

そして笑うかびっくりするか、とたんに嫌そうな表情を浮かべるか、ここからの反応はさまざまだが、十中八九「なんでそんなことを研究するの？」という質問を投げかけられる。

私の答えは、実はまちまちだ。

暴力に関する自分の経験を最初から話すことはない。相手の反応によって「面白そうだと思ったからだよ。ほとんど誰もこのことを研究していないしね」と済ませてしまう場合もある。嘘ではない。実際、私には、まだあまり日の目を見ていない問題を自分の手で取り上げたいという意地汚い好奇心がある。だが、それだけでもない。「文化人類学では牧畜や狩猟をはじめ、人間と動物の関係についての研究は伝統的に蓄積されていますが、なぜか性の視点は抜け落ちてきたからです」と学術的な有用性を垂れてみることもある。「指導教員にやってみればと言われたから」と言うこともある。そのすべてが的外れではないが、すべてを合わせても本当の理由にはならない。

当時の指導教員に勧められたのは事実だ。性暴力やドメスティック・バイオレンスに強い関心があるが、研究対象にはしないほうがいいと考えている、どんなテーマがよいだろうかと相談した。指導教員は言った。

「ジュウカンやってみたら」

私は首をかしげた。

「ジュウタンですか……？　私はそんなに興味ないですね」

「ちがう、ちがう。獣姦だよ、獣姦」

比喩でも誇張でもなく、私は目を丸くした。獣姦など考えてもみなかった。そのような行為があることは知っていても、獣姦と言われて絨毯と聞き違えるくらいには、私の世界から抜け落ちていた。獣姦を研究するとは、いったいどういうことだろう。私のこのときの反応は、自分が研究に着手して以後、たくさんの人々に示されたものとまったく同じだ。指導教員の意見を採用する気はまったくなかった。ただ、妙に引っかかったのも事実だった。

なぜ「人間と動物のセックス」が私には気になるのだろう。

このテーマは私にとっての愛やセックスの問題と、必ずしもぴったりとは重なり合わない。だがこの問題の背景には、人間の性的欲望の不可解さが垣間見えるように感じられた。私の身に降りかかった現象とは異なってはいても、なにかしら重なる部分がありそうだという、直感としか言えない訴えかけがあった。

私はこっそり獣姦について調べ始めた。延々、「獣姦」と「bestiality」という単語で検索を続ける。おぞましい動画や画像を目にして、気持ちが萎えた。私にはこんなことは研究できないと思った。しかし、そのうち、私は「zoophilia」という言葉を知った。「動物性愛」のことだ。

動物性愛とは、人間が動物に対して感情的な愛着を持ち、ときに性的な欲望を抱く性愛のあり方を指す。動物性愛は性的倒錯だとする精神医学的見地と、動物性愛は同性愛と同じように性的指向のひとつだとする性科学・心理学的見地とに、現在はどうやら分かれているようだ、ということもわかり始めた。

私が動物性愛に強い関心を持つ決定打となったのは、あるショート・ドキュメンタリーとの出会いだった。デジタルメディア「ＶＩＣＥ」のウェブサイトで公開されている

『Animal Fuckers』というタイトルの、十七分ほどの映像がそれだ。そこには動物性愛者としてインタビューを受ける人々が映し出されていた。彼らはドイツにある世界唯一の動物性愛者による団体「ＺＥＴＡ（Zoophiles Engagement für Toleranz und Aufklärung）／ゼータ（寛容と啓発を促す動物性愛者団体）」のメンバーたちだということがわかった。

「獣姦」と「動物性愛」は、似て非なるものだ。獣姦は動物とセックスすることそのものを指す用語で、ときに暴力的行為も含むとされる。そこに愛があるかどうかはまったく関係がない。一方で動物性愛は、心理的な愛着が動物に対してあるかどうかが焦点となる。

動物とセックスをする。愛があるから。動物性愛者の性には、愛とセックスのわかりにくさと、ねじれがあるように思えた。

動物性愛者は、どんなふうに自分のセックスと向き合っているのだろう。真剣であるならば、彼らは自身の愛とセックスについて考え、語ろうとしているはずだ。共感できるかはわからない。だが彼らと私が抱える問題には、共通する面もありそうだ。彼らに出会ったら、私はなにを感じるだろう。

私にとっての愛とセックスの問題は、絡み合ったまま、すでに二十数年の月日がたっている。動物性愛者の愛とセックスを知ることは、私の奥底に凝り固まるもつれた問いを解くための鍵になり得るのではないか、と私は感じ始めていた。

人間と動物という組み合わせは、人間と人間の関係やセックスという行為を抽象化して照らし出してくれるのではないか。極限的な事例を通して、愛とはなにか、セックスとはなにかという、より大きな問題を捉え直すことができるのではないか。

その期待は、まるで外れてしまうかもしれない。だが、やってみる価値はきっとある。自分が抱える問題に、動物性愛という新たな問いを加えてみたら、意外な方向から答えが出ないとも限らない。

人と動物が、種を超えてセックスすること。それは、人間にとっての愛やセックスそのものの意味を根本から問い直すことにも繋がるだろう。私は微(かす)かな望みに無謀な決意を乗せて、ゼータの人々にコンタクトを取ることにした。

第一章　人間と動物のアンモラル

動物へのレイプだ！

「信じられない質問ね。アブノーマルなのよ！」

女性は目を見開いて、怒りと呆れがない交ぜになったような表情を私に向けた。さきほどまで穏やかに笑っていたのに、豹変といってよかった。彼女は揃いのTシャツを着て隣に立つ、もうひとりの女性と目を合わせたあと、私から顔を背けて言い放った。

「人間とセックスするのはＯＫ、動物はＮＯ！」

これは、「動物とセックスをすることの最大の問題はなんですか」という、私からの問いへの返答だった。

叫びに近い声でそう言って、彼女たちは私を睨みつけた。


ドイツ・ブレーメンの晴れ渡る日曜日のことだった。二〇一七年六月十八日、中央駅付近はお昼前から賑やかな往来があった。人の流れに誘われて、初めて訪れるこの町を歩いた。店先から漂うソーセージの香ばしい匂いと人混みを抜けて、まずは散歩がてら、観光名所のマルクト広場に向かった。グリム童話の『ブレーメンの音楽隊』で知られるこの町は、中世ドイツの雰囲気をいまも残す観光地だ。童話に登場するろば、犬、猫、鶏をモチーフにしたオブジェやアートを道々いくつも見かける。町のシンボルであるブリック・ゴシック建築の市庁舎の脇には、もっとも有名な音楽隊の銅像があり、家族連れの旅行者が群がっている。一番下でほかの動物たちを支えるろばの前脚に触れて願い事をすれば叶う（かな）と言われているらしく、皆、べたべた触って証拠写真を撮る。

童話の動物たちが放つ和やかさが、私の質問をより「アブノーマル」にしているのかもしれない。私に軽蔑のまなざしを向けた女性たちは、「Aktion Fair Play／アクツィオン・フェア・プレイ」という動物保護団体のスタッフだ。活動の主眼は「動物性愛者撲滅」というもの。彼女たちが糾弾するのは「動物をレイプする男たち」だ。

アクツィオン・フェア・プレイはその日、ブレーメン中央駅前広場に赤いテントを張って署名活動を行っていた。彼らはドイツの主要都市にブースを出しては、キャンペーンを展開する。その動向に注目していた私は、彼らがブレーメンに現れることを前日に知って、ここを訪れていた。観光客を装って町をうろうろしつつ、何度も中央駅前広場に戻っては、アクツィオン・フェア・プレイが準備する様子を観察していた。

五、六人のスタッフは女性が中心だ。テントの右手には手作りの看板が置かれている。ヴァギナや肛門（こうもん）が腫れ上がった犬たちの写真とともに「人間の男性にペニスを挿入され、性的虐待を受けた動物たち」という文言が掲げられていた。左手には何本もの赤いキャンドルや造花とともに、犬やうさぎ、羊の古ぼけたぬいぐるみが並べられている。背後には手書きの黒い十字架と「性的虐待の犠牲となったすべての動物たちのために」と記されたボードがあった。まるで奇妙な祭壇のようだった。

テントは簡素ながらよく目立ち、五分にひとりくらい、客が訪れる。滞在時間は三～五分というところだ。一時間ほど遠目に眺めたあとで私も近づいた。テント内の事務机には、すでに十五人分ほどのサインが連なる署名台紙と、団体の名刺やチラシ、そして雑誌が置かれてあった。ドイツでも数少ない、動物性愛者としてカミングアウトしているミヒャエルという男性のインタビュー記事が広げられている。

雑誌をしばらく眺め、配布物を手に取ったところで、私は冒頭の質問をしたのだった。私を害のない観光客だと思い込み、穏やかに話をしていた彼女たちの豹変ぶりは、多少恐ろしくさえ感じられるものだった。その表情は、理屈抜きの嫌悪感に満ちていた。

アクツィオン・フェア・プレイは動物保護団体なので、「動物がかわいそうだから、動物とセックスしてはいけない」と返答するのではないか、と私は予想していた。だが彼女たちの口から発せられた反射的なひと言は、「アブノーマルだ」というものだった。そこに本音が透けて見える。彼女たちを駆り立てるのは、なによりも「異常なもの」に対する生理的な忌避感だ。

彼女たちからの余計な警戒を避けるために食い下がるのはやめ、私は中央駅前広場を離れて再びマルクト広場に向かった。市庁舎の隣で、聖ペトリ大聖堂が二つの尖塔(せんとう)で青い空を突き刺している。

「アブノーマル」という彼女らの叫び声の背後には、キリスト教文化圏に根強く残る性の戒律の影響が見られる。人間は人間としかセックスしてはいけないし、忌まわしい性行為もしてはいけないと『旧約聖書』のレビ記十八章には書いてある。近親相姦をするな、月経中の女性とセックスするな、姦通するな、男性同士でセックスするな、動物とセックスするな、聖書はこんなふうに厳しくセックスの掟(おきて)を定める。また、続く二十章には、動物とセックスした人は必ず死なねばならないし、相手の動物も殺さねばならない、とも書いてある。キリスト教圏の人々にこの禁忌は重くのしかかってきた。キリスト教的価値観に立脚していれば、そして保守的であればあるほど、「動物とセックスするなんて、もってのほか！」なのだ。それはキリスト教が定める「正しいセックス」のあり方から、あまりにもかけ離れている。

私自身もカトリックだ。といっても、自らの意思でそうなったのではなく、親の意向によって幼児洗礼を授けられた。父親の仕事の関係で、幼少期はドイツのお隣の国であるベルギーで過ごし、現地のカトリック系の小学校に数年間通った。帰国後は、中学も高校もカトリック系の女子校に進学した。敬虔(けいけん)な信者であると自負したことはないが、環境による作用で、思春期を通してキリスト教的教育は私の思考回路に影響を与えていた。

　十代の終わりに初めて私が暴力を受けたころ、すぐに逃げられず、かえって自分を責めてしまった理由のひとつにカトリックの影響があったと、私は考えている。いま、目の前にある聖ペトリ大聖堂では、聖母マリアが慈悲に満ちて人々を見守っている。セックスもせずにキリストを懐胎したマリアは、性から逃れた清純な女性だ。私を殴っていた男は宗教をよく知りもしなかったが、「カトリックのくせに貞操観念がないのか」といった言葉で、処女ではなかった私をなじることがよくあった。反論できなかったのは当時の私の幼さゆえだが、その幼さはカトリック的な性の価値観に縛られた悲しい幼さでもあった。その必要はなかったのに、私は男の視点に立ってしまい、キリスト教的な「正しいセックス」から落ちこぼれている自分を認めてしまっていたのだった。

　聖ペトリ大聖堂を眺めながら、私は息苦しさを覚えた。その佇まいにはすでに十分過ぎるほどの威圧感があるのに、正面入り口の上部には、磔刑のキリストを描いた絵まで掲げられている。打たれることの美徳と、生きることの申し訳なさを突きつけられるようで、眺めるだけで気が重くなっていった。

　アクツィオン・フェア・プレイの女性たちにしてみれば、動物とのセックスは、まずキリスト教的価値観からいって唾棄すべき行為だ。とはいえ動物とのセックスをアブノーマルとする考え方は、彼女たちに限って見られるものではない。むしろ異常と思うほうが一般的だろう。キリスト教圏に限らず、世界の多くの国々や地域で、動物とのセックスは忌まわしいものや軽蔑すべき行為と歴史的に見られてきた。欧米諸国やインド、アフリカの一部などでは、現在も法律で禁止されている国が多い。

近年、欧米圏では、動物とのセックスに関してアクツィオン・フェア・プレイのような動物保護団体からの糾弾がますます激しくなっている。たとえばアメリカの動物の権利運動団体「ＰＥＴＡ（People for the Ethical Treatment of Animals）／ピータ（動物の倫理的扱いを求める人々の会）」も、同様の主張を展開している。二〇一六年六月二十一日付の「獣姦に対する声明」で、ピータは「合意に基づくセックスは、ふたりの人間の間で進んで行われるもので、人間に支配される動物との間では起き得ないものである。動物とのセックスは動物へのレイプである。（中略）動物は選択権を持っていない」としている。

不気味なみみず男

動物とセックスをする人に対して気味悪く思う感覚は、私にもあった。ある男性たちに対し、生理的な嫌悪感を抱かざるを得なかった経験がある。

二〇一六年の冬のことだ。人間と動物とのセックスについて考え始めておよそ一年がたっていた。日々雲を摑むようで、隘路にはまり込んだ感覚があった。こんなことに手を染めたのを不安に思い、後悔することもしばしばだった。なにかヒントになるものはないか。雲よりせめて藁を摑みたくて、日本人で話を聞かせてくれる人を探し始めた。

　動物とのセックスを欲望する人々がいるかもしれない場所として唯一見つかったのが、匿名掲示板からなる、日本のとあるアダルトサイトだった。数日かけて入念に掲示板を読み尽くし、私は思い切ってアカウントを作った。このころ、すでに一度ドイツに渡り、ゼータの動物性愛者への初回の調査を行った後だったが、彼らの話だけでは偏りが出るのではないかと懸念していた。そこで、なにか有益な情報をくれる日本人を見つけられないかと期待して、サイトで呼びかけを行ったのだった。

　書き込みをした途端に反響があり、メールが次々に届いた。しかし私の願いを嘲笑うかのように、その九九パーセントがいかがわしい内容だった。すべて男性からで、犬を交えてセックスをしようとか、動物とのセックスを見せて欲しいとか、あるいはもっとひどい侮辱的な内容が、悪趣味な言葉づかいで書き連ねられていた。誰からのものであれ、文面は気味悪いほど似通っていた。ある程度は予想していたものの、この種のメールが殺到するのを冷静に受け止めることはできなかった。耐えられなくなり、私は累積するメールを消した。直接話したわけでも、危険にさらされたわけでもない。無視すればよいだけだったが、私は生理的に気味悪く感じた。

なぜ彼らはこんなにも熱心になれるのか。拙劣なメールに込められているのは、すぐにでも射精したいという、ただそれだけの熱意である。相手は誰であれよい。返事がくれば儲けものとばかりに毎日メールをランダムに送信しているから、文面が似通ってくるのだろうか。私には彼らの射精への執着と、それに伴う行動力が恐ろしかった。

しかし、それでも数人と私はやりとりをした。ある男性は熱心に自身の性的実践に関する「研究」について、何通ものメールを私に書き送ってきた。彼は人間ではないいきものと女性の性行為がいかに魅惑的であるかを主張し、写真を添えて解説する。

その男性は動物に対してなんの愛着もないし、自分は動物と性的に接触しない。彼が血道を上げるのは、セックスの相手となる女性のヴァギナに、自分のペニスではなく、うなぎやみみずを挿入し、女性の反応を見て楽しむことだ。

彼は女性を尊敬していると言う。美しく崇高で、この地球上でもっとも神聖な存在が人間の女性なのだそうだ。

「尊い女性が、うなぎやみみずといった、この世でもっとも不気味で汚らわしい異種に辱められながら性的な喜びを得る。それを見るのがたまらないんです」

と、彼は言う。

もうひとり、似たことを言った男性がいる。彼もまた自身は動物と交わらない。

「私には動物への愛とか性的欲求は皆無です。私は女性に犬とセックスをさせて、それを見る専門です。こういうセックスをするようになった原点は、容姿をバカにして私をボロボロにした女性たちへの復讐（ふくしゅう）です。犬に辱められて、人以下に落ちろと。しかし、いまでは女性を尊敬していますよ」

彼らにとっていきものは、犬であれ、うなぎであれ、みみずであれ、そして女性であれ、自身の欲望を満足させるための道具でしかない。うなぎやみみずをそのために飼育し、行為のあとで死んでも気にしない。

私は、彼らのセックスに恐怖感を持った。

だが私にいくら拭い去れない嫌悪感があろうと、それをもとに彼らの性的実践を断罪するわけにはいかないとも、このとき思った。

人間のセクシュアリティやセックスに善悪はつけようがない、と私は思っている。人々が求めるセックスの背景には、さまざまな欲求がうごめいている。嫌悪感に基づいて短絡的に彼らのセックスを思考から追い出してしまえば、議論をそれ以上深めることはできなくなるだろう。考えるべきは、人間の本能的な部分が社会とのかかわりのなかでどのようにして齟齬（そご）をきたすかということ、また、社会の一部分であるはずの私自身が、なぜ特定の性的実践を受け入れられないのかということだ。

私はなぜ、彼らを気味悪く感じたのだろう。アクツィオン・フェア・プレイの女性たちの「アブノーマルなのよ！」というひと言に込められた感情と、私がこの日本人男性たちに感じたものは、どう違うのだろうか。

ようやく訪れたチャンス

日本では二〇一九年現在も、動物性愛という言葉は浸透していない段階だ。ドイツでもまだそう認知度が高いわけではない。私がこのテーマに取り組んでいると話したら、ドイツでもほぼ全員が驚きを示した。反応は日本とそれほど変わらない。ただ唯一の違いは、ほとんどのドイツ人は酔っ払っていない限り笑わなかったことだ。戸惑いを隠せない表情を誰もが一瞬見せるのだが、ひと呼吸おいて真面目なふうを装う。私を馬鹿にしてはいない、という意思表示だ。ただ、彼らにとっても「動物とセックスをする人々」の話が寝耳に水なのは間違いない。「この国にそんな人がいるって？　嘘だろ？」としばしば言われた。

だが事実、世界でいまのところドイツにだけ、動物性愛者による団体「ゼータ」が存在する。

ゼータの主な活動目的は、動物性愛への理解促進、動物虐待防止への取り組みなどだ。公式ウェブサイトを通してドイツ語と英語で情報を発信し、メディアへの取材対応や学術調査への協力なども行っている。このような活動が可能な環境だとはいえ、ドイツで動物性愛者であるとカミングアウトすることが他の国に比べて容易なわけでは決してない。アクツィオン・フェア・プレイのような団体から攻撃されることもある。そのため、ゼータのなかでも社会的にカミングアウトしている人は少数だ。

彼らは誰にでも友好的なわけではないから、面会するまでには何カ月もの努力を要した。ゼータの存在を知ったのが二〇一五年末。それから私は獣姦や動物性愛について半年かけて情報収集に努めた。十分に予備知識を得られたと思えた二〇一六年六月末に、初めてゼータの公式ウェブサイトのメールフォームから連絡した。最初に返事をくれたのが、ゼータの設立メンバーのひとりであるミヒャエルだった。アクツィオン・フェア・プレイが机の上に閲覧用として開いていた雑誌のインタビューに答えていた人物でもある。

ミヒャエルは、はじめ極めて素っ気なかった。それは当然のことかもしれない。私は私で、ゼータにはどんな人がいるのだろうかと不安を抱えていたから、隙を見せまいと肩に力が入っていた。私たちは互いに警戒していた。ミヒャエルのメールの文面からは、興味本位で連絡してきたのならお断りだという雰囲気がひしひしと伝わってきた。彼はまず、私をゼータのメンバーが五、六人集まるグループ・チャットに招待した。

「きみ自身は動物性愛者なのか」と全員から聞かれた。そうではないが、真面目にこの問題に取り組んでいると答えるほかなかった。最初の時点では皆、懐疑的な態度を私に示した。

このとき私のなかでは、好奇心よりも心もとなさが勝っていた。ゼータのウェブサイトを丹念に読み、「動物を愛し、危害を加えない」というその主張は理解していたが、それが建前でしかないという可能性もないとも限らない。もしかしたら、私が散々苦しめられてきた暴力的な性欲を、動物に向けて発散している人々かもしれないのだ。そんな不安を抱えたまま、私はおっかなびっくり、ゼータのメンバーとのやりとりを始めた。

私は日々、彼らとコミュニケーションを取り続ける努力をした。チャットは音声ではなく、文字で行う。調査にこぎ着けるためには、まず信用を得なければならない。そのために会話を続けようとするものの、なかなかうまくいかない。ミヒャエルはなんの冗談も言わず、「質問するならなんでもしなさい。答える必要があると思えば、なんでも答える」と言って、最低限の言葉しか発しなかった。その態度には打ち解ける手がかりはないに等しかった。仕方がないので、私は自分の話をよくするようになった。今日はこんな勉強をしたとか、こんな本を読んだとか。

しかし距離はなかなか縮まらない。彼らの反応に一喜一憂する三カ月が続き、挫(くじ)けそうになったころに、ミヒャエルがビデオ通話をしようと言ってくれた。九月末に初めて彼が私に語りかける声をパソコンを通して聞き、話す表情を見た。得られた情報はそれほど多くはなく、彼のドイツ語なまりの英語が私には聞き取りにくいということと、私を試すために冷淡だったのではなく、もともと言葉少なに語る人物なのだろうということくらいだった。

だが重要だったのは、ミヒャエルとの通話をきっかけにゼータのほかのメンバーたちが私をある程度、信用し始めたと感じられたことだ。その日から一週間ほどかけて、数人とビデオ通話を行った。会話を経て何人かが私の訪問を受け入れてくれることになり、とたんにドイツ行きが具体性を帯び始めた。機を逃すことを恐れて私はすぐに航空券を購入し、二〇一六年十月二十日にドイツに到着していたのだった。

犬を妻にする男

二〇一六年十月二十二日の朝、五五リッターのバックパックを背負って、私はベルリン中央駅に立っていた。風はすでに冷たい。雑踏のなか、聞き慣れないドイツ語に耳を傾け、そのリズムに慣れるところから始めようとしていた。美しい音に思えず、そんなことさえ不安で、この国の人々に馴染(なじ)めるだろうかと思っていた。

ミヒャエルが住む田舎町は、ベルリンからドイツ鉄道でおよそ三時間のところにある。ドイツ鉄道は正式名称をドイチェ・バーンといい、デーベー（ＤＢ）という略称で親しまれている。全土を網羅しており、一日あたりの本数も多いので便利だが、高速車両は日本の新幹線並みに高額だ。そのうえしばしば遅れるので、時間の正確性にプライドを持つドイツ人にはしょっちゅう悪態をつかれる。だから予定通りの車両に乗れたか、約束の時間に着きそうか、わかり次第メールするようにと、ミヒャエルに言われていた。「変更なく到着します」と送ると、ミヒャエルは「了解、駅まで迎えに行く」と返事をくれた。

車窓に田園風景が延々と続く。日本の新幹線がどこを走っていてもそう面白くないのとそっくりで、景色から喚起される感慨はなにもなかった。目的地にようやく辿り着いても、知らない土地に来たという実感すら起きなかった。いつもなら旅先ではわくわくするのに、感情が殻に閉ざされているようだった。緊張のせいだったが、私はそれを認めたくなくて、気分が高揚しないのを、デザインが統一された画一的なデーベーの駅の造りのせいにした。

階段を下りて改札を抜け、待ち合わせ場所の駐車場へと向かう。私をすぐに見つけて車を回したミヒャエルは、窓を開けて「ハイ」と笑顔をつくった。それは無理やりな口角の上げ方だった。後部座席には大きくて黒いジャーマン・シェパードが鎮座している。車から降りるとミヒャエルは手を差し出してきた。私たちはぎこちなく握手して、初対面の挨拶を済ませた。

いま目の前に立つミヒャエルは背が高く、腹囲は一三〇センチメートルを超えていそうな大柄な人物だった。ビデオ通話ではわからなかったことだ。また、まだ五十代前半なのにさまざまな不調を抱えているのであろうことが、車から重そうに身体をねじり出した様子でわかった。膝をかばうようにのっそりと動きながら、彼は聞き取れないほどの小さなため息をつき、かすかな皺(しわ)を眉間に寄せた。

バックパックをトランクに入れ、助手席に座る。犬は吠(ほ)えずにゆっくりと鼻を突き出した。その体軀(たいく)の大きさにびくびくし、私は目をしばたたかせてしまう。嗅がれるままに手を差し出す。取り調べを終えると、犬は静かに後部座席に戻り、組み合わせた両前脚の上に顎を置いた。

「キャシーだよ、僕の妻」

そうミヒャエルは言った。

動物性愛者は自分の愛する特定の動物の個体を「パートナー」と呼び、人によっては「妻」や「夫」と表現する。彼らにとってその動物は決して「ペット」ではない。複数の動物を飼っている場合は、「彼がパートナーで、ほかはペット」と説明されることもある。パートナーはひとりにつき一頭の場合が多い。理由を尋ねると、多くの人々が「その動物だけが自分にとって特別な存在だから」と説明する。ときどき、「経済的な理由でパートナーを複数持つのは難しいから」という答えが返ってくることもある。

車は加速して田舎町へと向かっていた。ミヒャエルの家がどこにあるのかは聞かされていなかった。最初から自宅に行くのではなく、近くにホテルを取るからそこに来て欲しい、と私ははじめ代替案を出していた。しかし、商業地域として栄えているわけでもなければ観光地でもないこの町には、そんな気の利いた場所はないと言うのだった。交通機関も限られるため外で会うのは難しいとわかり、私は腹をくくった。

正直に言えば、私はその場で避難場所を見つけて確保しようと思っていた。だから車内で雑談をしながらも、スマホにはグーグルマップを表示させていた。これまでもさまざまな国でのひとり旅で、そうやって乗り切ってきたから大丈夫だろうと踏んでいた。しかし、そううまくはいかなかった。ミヒャエルの車は、辺鄙(へんぴ)な景色のなかへと私を連れていく。いつまで続くのかわからないドライブが二十分ほど経過したころ、電波が途絶え、地図を確認せずともここにはなにもないのだと理解できる景色が窓外に広がった。ミヒャエルは嘘つきではなかった。

まさかドイツで電波が途絶えるとは思っていなかった私は、早々に自分の甘さを思い知った。車内は寒いほどなのに、私はこのとき汗をじっとりかいていた。その様子にミヒャエルが気づかなかったはずがない。私は彼を信用していなかったわけではないが、かといってこの時点では信用しきっているわけでもない。どう考えても私よりも力が強そうな大男のミヒャエルと、その「妻」である大型犬のキャシーに、私はこれからセックスについて聞くのだ。なにがあるかわかったものではない。私は保身の手段を閉ざされ、なすすべなしの心境に達した。だが、車を降りるという選択肢など望んでもいなかった。同時に、自分が予想以上に怯えていることも確認していた。

　廃線後の細い線路の脇を通り、雑草が生い茂る道を車がそろそろと通り始めたころ、馬が何頭か草を食んでいるのを見かけた。牧草地帯と雑木林が広がっている。家はまばらだ。車を降りると空気は一層冷えていて、動物の糞便の匂いが濃く漂っていた。なにかと思えば、ミヒャエルの住まいの隣の敷地はだだっ広い放牧場で、何頭もの牛がのほほんとくつろいでいるのだった。

　ミヒャエルが車をとめた小さな駐車場は、庭に続いていた。その奥に質素な平屋建ての一軒家が見える。ミヒャエルは庭のフェンスをゆっくりと開けて、まずキャシーを通した。それから私。冬の気配に包まれて庭の木々の葉は落ち、灰色の空の下の枯れ草が目についた。

　ようやく彼の家に着いたのに、なにから話せばいいものか、私は会話の糸口を探していた。それを察し、ミヒャエルはいろいろと話しかけてくれた。長いフライトで疲れたのではないか。ジェットラグもまだあるだろう。誰もがする当たり前の会話から始まったものの、明らかに彼は社交辞令の類いが苦手だった。私たちははじめ、庭のポーチでハーブティーを飲んでいた。ペットの二匹の黒猫が駆け回り、協力してねずみ狩りを楽しんでいた。キャシーはミヒャエルの足下に静かに伏せて、猫たちを見守っていた。日が落ちかけて寒くなってきたので、リビングに入る。男のひとり暮らしにしてはきれいに整えられた部屋の長椅子に私は座って、テーブルを挟んでミヒャエルと向き合った。そして、ゼータにまつわる基本的な事実確認をすることから始めた。

動物性愛擁護団体「ゼータ」

ゼータはオンライン・コミュニティの側面が強い。メンバーが一カ所に集う事務所のようなものはなく、週に一度の定例ミーティングもオンラインで行う。実は、動物性愛者とインターネットの関係は深い。動物性愛の顕在化には、インターネットの隆盛とウェブ・コミュニティでの匿名性がかかわっている。

動物との性行為に関するオンライン・コミュニティは、一説には一九八〇年代から一九九〇年代にすでに形成され始めていたと言われている。インターネットの普及とともに、それがさらなる広がりを持つようになった。ウェブでの匿名性は、偏見にさらされる恐怖感なしに自身の性的関心事について語ることを可能にした。その結果、動物との性行為が特殊な文化や一部の地域に残された風習ではなく、また遠い昔に駆逐されたと思われる因習でもなく、いまもしばしば、さまざまなところで見られるものだということが明らかになった。

世間の常識や同調圧力から瞬間的に逃れられるヴァーチャルなコミュニティは、動物を性的な欲望の対象とする人々のよりどころや避難場所になった。ミヒャエルもこの動きに影響を受けたひとりだ。電話回線しかなかったころから夜な夜なウェブサイトにアクセスし、情報収集に努めた。「このような性的欲望を持つのが自分だけではないと知って、どんなに救われる思いがしたか」と彼は言う。

ドイツにも、動物とのセックスをテーマにするオンライン・フォーラムがいくつかできていった。そのようなコミュニティに集う人々のなかには、動物に惹(ひ)かれることに悩んで誰かと意見交換を望む人もいれば、動物を含めた乱交の参加者を募る人、動物に性的虐待と思われる行為をする人などが入り乱れていたという。

二〇〇〇年代の半ばごろから、ドイツでは動物との性行為を禁じる新項目を動物保護法のなかに追加しようとする動きが起きた。動物に対して心理的愛着を抱え、動物性愛という性的指向の持ち主であると自認する人々は、彼らのセックスが禁じられかねないこの動きに危機感を持った。そこで二〇〇九年に発足したのがゼータである。

ドイツでは法人格を備えた団体を設立するには代表者の氏名や住所を明らかにし、行政上の手続きを取って団体登録を行う必要がある。ゼータを設立した人々は、オンライン・コミュニティの匿名性から抜け出して、自らの存在を明らかにすることにしたのだ。

「オンライン・コミュニティに隠れていては、法改正に対して反対運動をしようにも、できることは限られている。政治に訴えかけるには、正当な手続きを踏んで、市民としてのわれわれの存在を示す必要があったんだよ。とはいえ、そう簡単にはことは運ばなかった。いろいろ難癖をつけられて、登録が認められなかったんだ」

と、ミヒャエルは説明する。彼は、現在もゼータに残る唯一の設立メンバーだ。

発足後、ゼータは二度、法人格を有する団体としての登録を申請したが、二度とも認められなかった。この結果に関して、ゼータはベルリン上級地方裁判所に異議申し立てを行ったが、団体の活動内容が「良俗に反する」という理由で却下された。二〇一一年末、裁判所はこの決定を報道機関に向けて発表、数々のメディアがゼータを取り上げた結果、ゼータは人々に知られることとなり、世間にインパクトをもって迎えられた。

ゼータは当初より動物との平和的共存を目指す動物性愛者のプラットフォームとして活動を展開しているが、法人格はいまも備えていない。

動物との性行為を禁じる新項目を盛り込んだ動物保護法の改正に関する議論は活発化し、アクツィオン・フェア・プレイなどの反動物性愛を掲げる団体の活動もまた、激しくなった。このような状況のなかで、ゼータはメンバーの入れ替わりを繰り返しつつ、現在まで活動を続けている。ゼータが抵抗し続けた改正法は、結局、二〇一三年二月一日に成立し、同年七月から施行された。ゼータは二月一日を「ズーファイル・ライツ・

デー（Zoophile Rights Day／動物性愛者の権利の日）」と銘打ち、二〇一四年と二〇一五年にはベルリンでデモを行った。

ところで、動物性愛という用語が使われ始めたのは十九世紀末のことだ。ドイツ出身の精神医学者で、性的倒錯の研究で知られるリヒャルト・フォン・クラフト＝エビングは、一八九四年に出版した著書『Psychopathia Sexualis』の第九版でこの用語を使用している。クラフト＝エビングが注目したのは病理性の有無だった。彼は非病理的な行為を「獣姦（bestiality）」、動物への性的なフェティシズムが見られるものを「ズーフィリア・エロチカ（zoophilia erotica）」とした。これ以前は動物とのセックスはなにもかも獣姦と言い習わされていたのだが、以降、これらの行為にも分類が生まれ、動物性愛という用語は主に医学の領域で使用されるようになっていった。

現在、精神医学では、動物性愛はパラフィリア（異常性愛、性的倒錯）のひとつ、つまり性にまつわる精神疾患とされている。米国精神医学会による『DSM－5 精神疾患の診断・統計マニュアル』では、動物性愛は「他の特定されるパラフィリア障害」として、わいせつ電話、死体性愛、排泄物性愛、浣腸性愛、尿性愛と並んでカテゴライズされている。

その一方で、二〇〇〇年代以降、アメリカの性科学者のハニ・ミレツキを中心として、動物性愛を病理的ではない性的指向のひとつとして捉える動きも生まれた。アメリカの生物学者で性科学者のロバート・T・フランクールによれば、性的指向とは、「誰に、あるいは何に対して情緒的結びつきを感じるか」「誰と、あるいは何とのセックスを妄想するか」「誰と、あるいは何とセックスをするのを好むか」という三つの側面の相互的なかかわりからなるとされる。ミレッキはこの観点から、動物性愛を性的指向であるとしている。

近年の動物性愛にまつわる世界的な議論は、その行為が動物への虐待になるかどうかに焦点が定められることが多い。議論は主に性科学、心理学、犯罪学、哲学などの分野で学際的に行われている。

動物解放論で知られる哲学者のピーター・シンガーは、二〇〇一年にアメリカのウェブ・マガジン「Nerve.com」に「Heavy Petting」と題する論考を発表した。この中でシンガーは、残虐な行為を伴う動物とのセックスを否定したうえで、「しかし、動物とのセックスがいつも残酷さを伴うわけではない。（中略）ときには、〔人間と動物が〕互いに満足のいく性行為に発展することもあるかもしれない」と記している。暴力行為を伴わない限り動物との性的な接触は容認されてよいと読める彼の主張は、その後、論争を巻き起こした。批判的な言説が数多く出されたのは言うまでもない。

性科学や心理学、哲学などが人間の性のあり方に重きを置いて動物性愛の問題を検討するのに対して、特に犯罪学では、動物との性行為それ自体をいかなる場合であれ動物虐待と見なして、断罪する論調が目立つ。たとえば、ピアーズ・ベアーンは、その立場をとる犯罪学者のひとりだ。彼の最大の論拠は、「動物は言葉を話せず、人間が理解できるかたちで合意を伝えられない」というものだ。

動物性愛は、さまざまな面から議論含みのセクシュアリティだ。セックスや愛にまつわる問題であるとともに、動物との関係性にもかかわる。ある人にとってそれは犯罪に等しい行為であり、ある人にとっては人間と動物の境界を再考させる行為ととれる。

動物性愛が病理的なものなのか、それとも性的指向なのかは見解が統一されていない段階だが、ゼータは後者と捉え、偏見や差別からの解放を目指している。

動物性愛者への偏見はドイツ社会でも根強い。ゼータの一部のメンバーはストーキングや自宅への落書きなどの被害に遭った。ミヒャエルは自宅前で激しい抗議活動を展開され、誹謗(ひぼう)中傷の文言とともに本人や住居、車の写真をインターネット上にばらまかれた。これは、警察を巻き込んでの事件に発展した。

ゼータの活動は以前ほど活発ではなくなっている。現在、ゼータはデモなどを行っていない。二〇一六年から二〇一七年にかけて私が見たゼータの実態は、セクシュアリティ解放団体というよりも自助グループに近かった。

ドイツ全土に散らばって別々の都市に住むメンバーたちは、チャットやメールで頻繁にやりとりをし、近況を報告し合う。パートナーの体調の相談をしたり、日々のちょっとした話題で盛り上がったりと、気心の知れた仲間同士のサークルのような様相だ。

現在、ゼータに所属するメンバーは三十人程度だ。ほぼ全員がドイツ在住のドイツ人で、男性が圧倒的に多いという特徴がある。そのなかで中心的に活動するのは十人程度といったところだろうか。年齢層は十代後半から六十代と幅広いが、もっとも多いのは三十代だ。

初めての経験

動物性愛者たちは、自らを「ズー」と称する。ズーとは、動物性愛者を意味するズーファイル（zoophile）の略語だ。本書でもここから、彼らのことをズーと呼ぶ。

私は二〇一六年秋の一カ月と二〇一七年夏の三カ月、合計およそ四カ月間をドイツで過ごし、ゼータとその周辺のズーたち合計二十二人と知り合った。男性が十九人、女性が三人だ。男性たちのうち、ふたりはチャットでしか話せなかったため、あまり情報がない。

直接には接触できなかったそのふたりを除いた二十人のうち、「自分は生来のズーである」と答えたのは十二人で、すべて男性だった。単純計算ではあるが、私が出会った人々のうち六〇パーセントが生まれつきのズーだと感じていることになる。男性のみで計算すると十七人中十二人となり、その割合は七〇パーセントにまで上がる。また、これまでに知り合った女性のズーたちのなかで、「生まれつきズーだ」と言った人はいなかった。

生来のズーだと感じている男性たちは、「セックスの意味や方法といった性に関する知識がない幼いころから、動物に対する強い愛着があった」と言っていて、「幼少期から思春期にかけてこの性的指向を自覚した」と言う。彼らは異口同音に「動物への愛着や性的欲求は、自分ではどうにもできない、あらかじめ備わっていた感覚だ」と言う。自覚に至るきっかけは、思春期以降の動物との直接的な性的接触であるケースが多い。このときの接触とは、犬などの身近な動物に顔や身体の一部を舐(な)められるといった、人によっては性的とは感じられないであろう身体接触も含んでいる。

ミヒャエルも、このような経路を辿ってズーを自覚している。初めて気がついたのは十三歳のころだという。周囲の友人たちは、幼いながら異性を意識し始めていた。

「だが僕は、男の子たちが女の子の話をひっきりなしにするのを、ずいぶん居心地悪く聞いていた。あの雰囲気が苦手だった。僕には、好きな女の子はいなかった。好きにならなければならない相手は女の子だと、思い込んではいたけれどね」

そうミヒャエルは回想する。

当時ミヒャエルが住んでいた家の近所で、一頭のオス犬が飼われていた。普段は犬小屋にいて、ミヒャエルを見かけると吠え立てる。そのため彼はいつも避けていたが、ある日、気配がないので犬はいないと思い込み、すぐ近くで遊んでいた。ふと視線を感じて振り返ると、その犬が静かにミヒャエルを見ていたそうだ。そのとき、なぜか恐怖心がすっと消えていったという。不思議に思い、ミヒャエルは犬を触ってみる気になった。犬と彼の間にはフェンスがあったので、編み目越しに指を差し入れる。すると、犬は彼の指を嗅いでから舐め始めた。

「そのとき、これまでに感じたことがない衝撃が走ったんだ。言葉にするのはとても難しい」

そうミヒャエルは言った。私たちはリビングにいて、ミヒャエルはソファベッドに寝そべり、私は長椅子であぐらをかいていた。夜が更けていくとともに、少しずつ私たちは打ち解け始めていた。

「具体的に身体の変化はあった？　つまり、汗をかくとか……、勃起するとか」

私の質問にミヒャエルは頷（うなず）いた。

「ああ、勃起したよ」

そのとき感じたことや行動などを話してくれるよう、私は促した。

「僕は、もう少しその犬に近づいてみたいと思った。だから、フェンス越しにできる限り腕を伸ばして撫（な）でてみた。犬の姿勢のせいで、手の届く箇所は犬のペニスだけだった。

だから僕は彼のペニスを撫でたんだ。なんだか変な感じがした。もう一方の手も差し入れると、彼は僕の指を再び舐めてきた。そのとき僕は、身体的にも感情的にも何かが爆発するのを感じた」

ミヒャエルは目を細めて思い出すような、もしかしたら苦しいのかもしれないような、一種汲み取りにくい表情をしていたが、その声は穏やかで冷静だった。

「泣きそうで、息がぜえぜえ上がった。興奮やら、愛のような感情やら……。それからくつろいだ感じ、いろいろごちゃ混ぜになった感情の波に襲われた」

その日、それ以上の接触はなかったとミヒャエルは言う。だがそのできごとによって、動物に対して「ノーマル」ではない感情を持っていることに彼は気づいた。その後、夜中にこっそり家を出てその犬を撫でに行く日々が続いたという。ミヒャエルはその犬が喜んでいるのがわかったと話す。夜中の逢瀬を繰り返すうち、自分が抱えているのは性的な欲求だと自覚するようになる。彼は、犬が自分にのしかかってくるのを期待していた。だが、そのようなことは起きなかった。

当時、ミヒャエルはズーのことはまったく知らなかった。以後、自分の性的指向を自覚しながらもそれを受け入れることができず、自分を「アブノーマル」だと考えるようになる。二十代には鬱病を発症した。青年期に苦しめられたのは、「いつガールフレンドを連れてくるの？」という親戚からの質問だ。ミヒャエルの両親はともに先生と呼ばれる職業に就いていて、家庭は厳格だった。親戚がなんの気なしに投げかける社交辞令としての質問は、ミヒャエルが従うべき常識を象徴するものにもなってしまっていただろう。自分を偽る苦しみを覚えながらも、彼は「心の底からノーマルになりたかった」と、いまなお苦しげに言う。

「ノーマル」になるために、彼はさまざまなチャレンジをした。カウンセリングにも通った。セックス・ワーカーを訪ねたこともある。

「無理やりに射精をさせられる感覚だった。手でサービスを受けたんだけど、本当におぞましくて、たまらなくなって逃げ帰った」

話しながらも、彼がぞっとしているのがわかる。言葉の途中で肩をすくめ、彼は「あっ」と声をあげた。

ミヒャエルのその仕草を見て、私は少し、共感を覚えた。実際に会うまで、私は動物とセックスするという人々をどこかで恐れていたし、もしも暴虐的な性欲を動物に向ける人々だったらどうしよう、という不安も確かに持っていた。しかし、ミヒャエルはどうやらそのような人ではない。自分のセックスに苦しんできた経験がきっと彼にもあるのだろうと想像できた。

ミヒャエルは自分を「ノーマル」な世界に矯正するために、二十八歳で最大の挑戦をした。それは結婚だ。結婚相手を募る記事を新聞の隅に載せると、ある女性から反応があった。彼女は経済的な困難を抱えていて、結婚する必要があったそうだ。彼らはまず、同棲(どうせい)を始めた。

ミヒャエルは十三歳のときの体験以来、動物への欲望を抱き続けていたが、一度も実際のセックスはしなかった。動物とはもちろん、人間の女性とも男性ともしていない。同棲して初めて、セックスが生活に入り込んできた。

「セックスのことはなにも知らないから、すべて教えて欲しいと彼女に正直に言った。手取り足取り教えてくれたよ。僕は一生懸命それに従った。だが、本当につらかった。男女というものは定期的にセックスするものだと彼女が言うので、僕は義務としてこなした」

それは、彼にとって苦行のようなものだった。ミヒャエルと彼女は同棲期間を経て結婚したが、その生活は十年で終わる。夜な夜なインターネット回線をつないでズーについて調べ始めたのは、離婚する数年前だ。

離婚後、ミヒャエルは初めてオス犬のパートナーを得て、初めて動物とのセックスをした。そして、自分を偽ることに苦しみ切って、疲れ果て、ドイツでも初めてに近い、ズーであることをカミングアウトする人間になった。彼はブログを運営し始め、動物性愛に関する情報発信を行った。現在のゼータのメンバーで、彼のブログに救われた若い世代は多い。

「僕のことを書くとき、仮名を使う必要はない。僕についてもパートナーについても、本名で書いて欲しい」

初対面のときから、ミヒャエルは私にそう言っていた。

「僕は間違ったことも、恥ずかしいこともしていない。自分を隠す必要はない」

彼の意を汲み、ミヒャエルとそのパートナーのキャシーは本名で表記している。しかし本書に登場するほかの人物たちに関しては、そのパートナーの名も含めて全員、仮名とした。また、彼らのプライバシーを保護する目的で、居住地域に関する詳細な情報は伏せてある。

自然に始まるセックス

ズーのなかにも、いろいろな違いがある。ミヒャエルは動物にしか性的欲望を抱かないが、私が出会ったズーのなかには人間とも恋愛やセックスをする人もいる。

性的対象となる動物の性別にも違いがある。自身が男性で、パートナーの動物がオスの場合をズー・ゲイという。自身が女性で、パートナーがメスの場合はズー・レズビアン。パートナーの性別を問わない場合はズー・バイセクシュアルという。もちろん、自分とは異なる性別の動物を好む、ズー・ヘテロもいる。また、セックスでの立場を示す言葉もあって、受け身の場合はパッシブ・パート、その逆をアクティブ・パートという。

「僕はオスの動物を対象とするから、ズー・ゲイ。パッシブ・パートだよ」

そうミヒャエルは言う。つまり彼はオスの動物を好み、セックスでは動物のペニスを自身の肛門に受け入れる方法をとる。自分のペニスを動物に挿入することはない。

しかし、ミヒャエルの現在のパートナーのキャシーはメスだ。不思議に思って理由を聞くと、逆に質問で返されてしまった。

「ズーだからといって、セックスしないといけない理由は？」

キャシーは二頭目のパートナーだ。ミヒャエルは、最初のパートナーだったオスの犬を寿命で喪（うしな）ったあと、しばらくひとりで生活していたが、傷が癒えたころに動物保護施設からキャシーを引き取った。年齢とともに衰える体力と持病の問題から、ミヒャエルは「元気で健康なオス犬の相手をするには、自分は年を取りすぎた」と感じていた。

「オス犬を飼うのは大変だよ。彼らが毎日健康でいられるように、満足いくまで散歩して遊ぶには、自分もまた元気でいなくてはいけないからね。キャシーはおとなしくて、僕とも生活できると思った。パートナーとは、一緒に生きていく相手のこと。セックスが目的で誰かと一緒にいることは、僕にはないよ。人間ともね」

ミヒャエルは、実はキャシーとセックスしたことがない。だが、彼にとって彼女は

「妻」だ。キャシーとセックスしない理由を尋ねると、彼は言った。

「彼女が求めないからだよ。動物にはそれぞれ個性や性格、好みがあるんだよ。人間と同じようにね。キャシーは、セックスをしたがらないタイプだった。もしも彼女が求めていたら、僕は応じたと思う。ペニスを挿入する行為は好きではないが」

私もかつて、メスの犬と暮らしをともにしていたことがある。実家で飼っていた小型犬だ。室内犬で避妊手術をする必要がなかったので、彼女の生理機能は保たれていた。しかし、私は彼女からの「セックスがしたい」というアピールを感じたことがない。かといって、セックスをしたがらない性格かどうかもわからない。だからミヒャエルに、犬がセックスをしたがっているか、あるいはそうでないかがなぜわかるのかと尋ねた。

「僕にはむしろ、どうして多くの人がわからないのかが、わからない。喉が渇いている、お腹（なか）が減っている、遊びたがっている、そういうことはわかるのに、なぜセックスのことだけわからない？　愛犬家ですら、わからないと言うんだからね。動物たちと本当に一緒にいたら、わかるはずだと思うけどな」

そして、私を当惑させる言葉を彼は発した。

「犬とのセックスは、自然に始まるんだよ」

いったいどう想像すればいいのか。私は長椅子に足を投げ出し、黙り込んだ。自然に始まるセックスとは、いったいどんなものだろう。

それを人間に置き換えてみても、私にはうまく想像できなかった。セックスがあまりにも形式化されているからだ。人間のセックスは密室空間で一対一で行われることが多く、その場面に至るまでにデートをしたり食事をしたり会話をしたりする。わざわざ着飾ってきた服を脱ぐ。誰もがしていると予想される一般的な運び方があって、初めてセックスする者同士であってもだいたい同じ手順を踏む。これが普通の方法だと想定されるものをなぞるようにして進み、セックスは儀式になる。「自然に」始まる瞬間が、果たしてこの儀式にはあるだろうか。

私は混乱し、ミヒャエルが言う「自然に」の意味を再確認する。ミヒャエルは、しばらく考えてから言った。

「犬だけじゃないが、動物はしたいときにするんだ。食べること、遊ぶこととなんら変わらない。それがとても自然なんだよ。ただただ楽しんでいる」

ミヒャエルが言う「自然」は、言い換えるなら「本能」に近いのだろうか。儀式化された社会化された人間のセックスとは異なるものだということはわかる。しかし、やはり犬とのセックスの始まり方は思い描けない。たとえば、人間ならば寝る前などにベッドでする人が多いのではないだろうか。また、自分がセックスしたくなったときに、相手にお伺いを立てる必要もある。動物とのあいだに、それは成り立つのだろうか。ミヒャエルは動物のなかでもオス犬とだけ経験があるので、その場合はどうなのかと聞いてみる。

「あなたがセックスをしたくなったとき、そう都合よくオス犬もしたくなるものなの？」

「違う。犬が誘ってくるんだよ。犬が求めてくるんだ」

私は再び黙ってしまった。犬がセックスを求めてくるという話を、どうやって信じたらいいというのだろう。

ミヒャエルは続けた。

「オス犬は、たいていご飯を食べたあとにセックスをしたがるんだよ。僕の最初のパートナーも、いつもそうだったな」

「彼が食後に求めてくると、セックスをするってこと？」

「そうだよ」

「いつも？」

ミヒャエルは首を振る。

「まさか。相手がしたくて僕もしたいときにするんだよ。それがセックスだと僕は思う」

彼はそう私に言った。

最初の晩、ドイツらしいごちそうを作ると言って、ミヒャエルはキッチンに立った。レトルトの食材を駆使して彼が作ったのは、じゃが芋の団子にブラウンソースをかけ、缶詰の紫キャベツの酢漬けを添えた料理だった。「クヌーデル」というものらしい。

初めて食べたクヌーデルは、ぼんやりした味だった。似たものを食べたことがあるような、ないような、これといって際立った特徴がない食べ物に思える。ミヒャエルはやや心配そうに「おいしい？　大丈夫？」と聞いてくる。感想がどうにも出てこず、「うん」としか答えられない。そのころにはお互い緊張もほぐれていて、ミヒャエルは少しからかうように笑って私に言った。

「きみ、最初は僕の家に泊まりたくない様子だったよね。怖かったの？」

まごつきながら、そんなことはないと私は否定した。数時間前の車内での私の緊張を、彼は見抜いているに違いなかった。

「ズーはなにするかわからない、恐ろしいモンスターだとでも思ってた？」

どう反応しても失礼になりそうで、私は困った。ごまかすように、私は大量の芋団子をもそもそ食べ進め、懸命に平らげた。

食事中にも、ぽつりぽつりと語られる、時系列のばらばらな彼の物語を、私はノートに紡いでいく。与えられたベッドルームでひとり、真夜中にその物語を読み返しても、私から混乱が去ることはなかった。

犬が欲望をあらわにすること。
犬が人間にセックスの誘いをかけること。
私はその後、このことを繰り返し考え続けることになった。

濃密な動物の気配

合計四カ月間のドイツ滞在では、私はでき得る限りズーたちと日常生活をともにした。ミヒャエル宅での最初の滞在は三日間だったが、二〇一七年の夏には、彼の家に二週間あまり居候した。食事を一緒にとり、同じ空間で過ごして、一緒に散歩に行く。当たり前の時間をなるべく多く共有することが、私にとっては大切だった。どうでもよい雑談をするなかで、少しずつ互いを知っていく。

質問し、回答を得る「インタビュー」然としたやりとりでは、彼らが繰り返し考えてきたであろうこと、つまりすでに頭の中で論理立てられている話しか出てきづらい。もちろんそういった内容も大切だが、それだけではこちらも拝聴するだけになってしまうから、なるべくそれは避けたかった。ともにだらだら過ごし、冗談を言い合い、食事の用意や洗濯、掃除と、日々のあれこれを一緒にやっていると、次第に見えてくることがある。その人の癖。生活空間のつくり方。動物とのやりとりの方法。言葉以上の情報が、ときどきそういった営みに表れる。

たとえばミヒャエルの家は、庭もリビングもキッチンもベッドルームも、いたるところに動物の気配が充満している。リビングにこもり、ミヒャエルと話しているとき、私はなぜか犬や猫たちとも相対しているような感覚を受ける。ここでは犬や猫が人間と同じ「力」を持っていて、常にそこに「いる」。

その空間を生み出しているのは、視線の交差の量と質ではないかと思う。

ミヒャエルは訥々(とつとつ)と話し、余計なことは言わない人だ。言葉が途切れ途切れになりがちなのは、彼の性格によるものだろうと、はじめ私は思っていた。しかし時間をともにするうちに、彼の注意は私に対してよりも動物たちにより多く向けられていることに気づいた。キャシーの繊細な動きや猫たちの視線に、ミヒャエルは集中し続けている。ときどき、言葉が中断されるのはそのためだ。普通は、人間同士が話しているとき、ペットが騒がない限りは相手をしないものだ。犬は人間同士のやりとりには加わらない。しかし、ミヒャエルと犬と猫たちは頻繁に目を合わせるし、しばしば誰かが誰かを見ている。

その視線のやりとりをもしもすべて糸にして表したなら、数十分で濃い網の目が部屋のなかに出現するだろう。私はその網のなかにいるから、まるで犬や猫たちとも絡み合っているような気がしてくるのだ。

この空間のあり方は独特なものだ。ズーの家では、人間と動物がともに、まったく同等の強さで存在している。

第二章　ズーたちの日々

動物のパーソナリティ

ズーたちとともに過ごして彼らを知っていくこのドイツ旅では、たくさんの動物たちにも会った。犬や猫、馬、ねずみ、鳥、それから蜥蜴(とかげ)に魚。犬と馬以外は、ズーたちのパートナーではなくペットだ。ズーという人々は根っからの動物好きで、動物がいない生活を考えたこともなさそうだ。

ズーの家には、動物の匂いが満ちている。犬や猫の毛が舞い散っている。ときにくしゃみが止まらなくなり、ぜんそくの症状もしばしば出た。たいていベッドルームを与えてもらってひとりで眠るが、動物の匂いはシーツや絨毯、カーテンにも染みこんでいるようで、いつも私は彼らを感じる。私が犬と暮らしていたころの実家よりも、動物の気配は格段に濃厚だ。

動物の近さにぎょっとすることもある。たとえばあるときは、ミヒャエル宅のキッチンの床に血がこびりついているので驚いて、何があったのかと尋ねたら、「猫がねずみを捕ってきたときの血だろう」と彼は言った。そのとき夕食を作っていたのだが、乾いたねずみの血の上にマカロニが数本落ちた。気にも留めない様子でミヒャエルはそれを拾い、そのまま大皿に入れてしまった。私もそのマカロニをいただいたが、ずいぶんな覚悟が必要だった。

ミヒャエルの家は、普段は清潔に保たれている。このときねずみの血が放置されていたのは例外的で、これには理由があった。私の初回の訪問のあとに、ミヒャエルは妻のキャシーを亡くした。二〇一七年の夏、およそ八カ月ぶりに彼を訪ねると、ミヒャエルは前にもまして寡黙になっていた。キャシーの不在は、家の様子にも変化をもたらしていた。室内は荒れているわけではないにしても雑然としていて、そのために覇気がなく、薄暗さを感じさせた。「最近、掃除をするのもしんどくて」とミヒャエルは私に言った。

二度目の滞在では、私はミヒャエル宅で二週間あまりを過ごした。ミヒャエルはキャシーの話を進んでしたがりはしなかった。その代わり、彼は幾度となく自分の葬式の話をした。

「僕が死んだら墓はつくらずに、遺灰にする。それをキャシーや、これからきっと死んでしまう猫たちの遺灰と混ぜてもらう。それを海に撒(ま)くんだ。参列者にはボートで一杯飲んでもらってね。アムステルダムから出航する船を、もう予約してあるんだ」

この話をするたびに、少しほっとしたような表情をミヒャエルはする。

ズーにとって最大の問題は、パートナーとの寿命差だという意見を私はよく聞いた。

こればかりは種の特性の違いで、埋め合わせることができない。自身の葬式を予約することや、それを私に繰り返し話すことは、ミヒャエルにとって喪に服す作業のひとつだったのだろうと思う。

二週間ともに過ごすうち、ミヒャエルは少しずつ快活さを取り戻し、冗談も言うようになった。そしてある土曜日の昼下がりには、「よし！　芝刈りをする。手伝って」と私に言った。

夏の日差しにすくすくと庭の雑草は生い茂り、ところどころ私の膝より高く伸びていた。ミヒャエルは裏の倉庫から大型の芝刈り機を取り出し、エンジンをかける。彼を真似(まね)て、私も挑戦した。初めて使ってみたが、自分よりも大きな機械に振り回されてまっすぐ進めない。ミヒャエルに笑われながら奮闘する。振り返ると無残に刈り散らされた不細工な小道ができていた。そんなことを一時間もしていたら、芝刈り機の音に惹かれた隣の放牧場の牛たちが、庭との境目に設けられたフェンスに集まってきた。四、五頭が並ぶ。好奇心旺盛な彼らはみんなで鼻先をフェンスに突っ込まんばかりにし、庭で何が行われているのか推理でもしているようだ。私はつい近寄る。手を伸ばせば撫でられるが、少し怖かったのでやめた。ミヒャエルも私の隣に立つ。

不意に疑問が浮かび、私は尋ねた。

「ねえ、この牛たちをセクシーだと思う？」

すると、ミヒャエルは「いいや」と答えた。そして思案したあと、こう言った。

「でも、もしも関係性が近くなって、一頭一頭のパーソナリティが見えてきたら違うかもね」

さらにミヒャエルは、こんなふうに説明した。

「動物には、人間と同じようにパーソナリティがある」

釈然としない様子の私を見て、彼は続ける。

「そうだなあ。パーソナリティというのは、時間をかけないと見えてこないものだ。僕とその動物がのんびり一緒に過ごすと、パーソナリティはわかってくる。それはたとえばその動物の僕に対する反応の仕方とかね……、そういったものから見えてくるものなんだよ」

ミヒャエルだけではなく、多くのズーたちが「動物にはパーソナリティがある」と言う。はじめ私はその意味をなかなか摑めなかった。ズーたちが言うには、自分が恋する相手は動物ならなんでもいいというわけではない。もちろん、人それぞれに「特に犬が好き」「馬が好き」など動物種の好みはあるが、だからといって「犬ならなんでもいい」ということはない。同じ犬種がずらっと並んでいたとしても、ズーにとって愛する対象はそのなかのパートナーだけだ。

たとえば、あるズーは三頭の犬を飼っている。彼にとってのパートナーはそのうちの一頭のオスだけだ。彼はズー・ゲイなのでオスの動物を好む。飼っている三頭のうち、二頭はオスだ。ほかがすべてメスであれば性別でパートナーを選んだのではと勘ぐりたくなるが、そうではない。彼はパートナーへの思いを、「そのパーソナリティを愛しているんだ」と私に繰り返し説明した。「僕と彼は飼い主とペットじゃない。きょうだいでもない。仲間でもないし、家族でもない。パートナーという言葉がいちばんしっくりくるんだ。彼じゃなきゃダメなんだよ」。パートナーとそうでない存在を分けるのが、ズーを魅了する「動物のパーソナリティ」である。

パーソナリティを日本語に直訳するなら〝人格〟や〝個性〟になるが、その訳では彼らが指し示すものを正確には理解できない。

たとえば、ミヒャエルにとって動物のパーソナリティとは、キャラクターよりも判別に時間がかかるものだ。キャラクターは、直訳すれば〝性格〟や〝性質〟となるが、動物それぞれの気性と言い換えるとわかりやすいかもしれない。荒々しい馬、おとなしい犬、いたずら好きの猫。こういった形容詞で表現できるのがキャラクター、すなわち気性に当たるものだろう。誰から見てもある程度は変わらない、それぞれの動物に固有の特徴ともいえるかもしれない。

一方で、パーソナリティとは、自分と相手の関係性のなかから生じたり、発見されたりするもののようだ。じっくり時間をともに過ごすうちに、相互に働きかけ合って、反応が引き出され合う。そこに見出（みいだ）されるやりとりの特別さを、ズーは特定の動物が備えるパーソナリティだと表現している。

そうであれば、相手のパーソナリティは自分がいて初めて引き出されるし、自分のパーソナリティもまた、同じように相手がいるからこそ成り立つ。つまり、パーソナリティとは揺らぎがある可変的なものだ。相互関係のなかで生まれ、発見され、楽しまれ、味わわれ、理解されるもの。キャラクターは箇条書きにすることができるが、パーソナリティは散文的だ。背景にともに過ごした時間、すなわち私的な歴史があって、その文脈のなかで想起されるものが、パーソナリティではないだろうか。そして、相性が悪いとか、機械的なやりとりしかしない間柄――人間と犬なら、ただ定期的に餌を与えるだけとか、おざなりな散歩をするだけといった関係――でしかないとすれば、互いのパーソナリティを引き出し合うことはできないだろう。

このように考えれば、人間同士の関係であってもキャラクターとは異なるパーソナリティが生じていることに気づかされる。誰かにとって、ある誰かが特別なのは、共有した時間から生まれるその人独特のパーソナリティに魅了されるからだ。それが揺らぎ続け、生まれ続けるからこそ、私たちはその誰かともっと長い時間をともに過ごしたくなる。そして同時に、その人といる間に創発され続ける自分自身のパーソナリティにも惹かれる。

誰かのパーソナリティは、それを受け止める人によって感じられ方が違うこともある。恋人同士にしかわからないパーソナリティや、家族だけが知っているパーソナリティ。関係性によって生じるパーソナリティは、人格や個性、性格とも少し違うものだ。

他のペットや動物と比較して、「彼だけが特別」とズーたちが言うとき、彼らの間には彼らだけの相互関係が成立していて、そこで感じられるパートナーのあり方に抗いがたい魅力があるのだろう。

しかし、人間が「動物のパーソナリティ」に惹かれ、特定の個体とパートナーシップを成立させるというできごとは、人間の側の一種の妄想の押しつけではないかという疑問が浮かぶ。動物の側は果たして「人間のパーソナリティ」を認めているのだろうか。

芝刈りのあと、私たちは心地よい疲労感を携えてリビングで休憩をしていた。ミヒャエルはうたた寝をしていたが、そこに猫たちがやってきた。食事の催促だ。しばらくはやり過ごしていたミヒャエルだが、「はいはい、わかった、わかった！　ごはんでしょ！」と十分もしないうちに立ち上がった。彼は二匹の猫に食事を与え、ついでにもう一度外に出て、庭先にキャットフードでいっぱいの皿を置いた。

このところ、キジトラのオス猫が現れる。迷子になったか捨てられたか、キジトラは突然庭をうろつくようになり、ミヒャエルの黒猫たちと一緒に遊んでいる。

キジトラはときどき、家に入ってこようとすることがあった。そのたびにミヒャエルは厳しい態度を取る。一週間前はそんな状態だった。しかしいま、彼はキジトラが飢えないようにキャットフードを置いてしまう。見ればキジトラはちゃっかりそこにいて、食事にあずかろうとしていた。

この前まで追い払っていたのにどうしたのと聞くと、ミヒャエルはため息をついた。

「うん、でも、なあ」

私はつい吹き出してしまった。

「動物たちは本当にうまく僕を操るよ。どうすれば僕が彼らの望み通りに動くか、知り尽くしているんだからね……。僕のパーソナリティは全部把握されてしまっているよ」

はあ、と再び嘆息して、ミヒャエルは困ったように微笑んでいた。その後、数日するとキジトラはついにリビングまで入り込むようになった。

「ああ、もう。仕方ないな。でも、僕は彼のことが好きだよ……」

ミヒャエルはすでにキジトラのパーソナリティを発見しつつあった。キジトラや黒猫たちに、ミヒャエルのパーソナリティを摑んでいるのかと聞いて、答えをもらうことはできない。だが事実、彼らはいつもミヒャエルを翻弄していて、あれこれ要求しては意のままに過ごしている。そしてミヒャエルはキジトラを含めた周りの動物たちに、自分のパーソナリティが把握されていると感じている。

犬と馬が愛されるわけ

動物のパーソナリティが関係性のなかから立ち上がるものだとすれば、それはある程度コミュニケーションが取れる動物種が相手でないと成り立たないのではないだろうか。実際、私が出会ったズーたちがパートナーとする動物種は何種類かに限られていた。

社会学者のコリン・J・ウィリアムズとマーティン・S・ワインバーグによる二〇〇三年に報告された調査では、百十四人の男性の動物性愛者に対するアンケートをもとに、性的対象となる動物の種類が分析されている。その結果は犬が五一パーセント、ろばを含む馬が三七パーセントとなり、この二種類のみで八八パーセントを占めた。少数派として山羊(やぎ)、豚、猫、羊を対象とする人がいた。

一般的には、動物性愛者が子どものころに接触したペット動物や、農場の動物が性的対象になりやすいと説明されることが多い。その点は正しいように私も思う。私が直接聞いた限りでも、多くのズーが最初の性的接触を犬などの身近な動物と経験していて、その後、セクシュアリティの自覚に至っていたからだ。

私が出会ったズーたちも、犬をパートナーとする人が圧倒的に多く、次いで馬が多い。二十二人中、十七人が犬を性的対象とする。馬は八人だ。犬と馬の両方が四人。また牛も一例あった。ウィリアムズとワインバーグの調査結果と異なる点として、ゼータには猫をペットとする人はいても、パートナーとする人はいなかったこと、山羊、豚、羊を性的対象とする人はいなかったことが挙げられる。

ゼータに猫をパートナーとする人がいない理由は、はっきりしている。彼らが言うには、猫は人間との体格差が大きく、かつ性器も小さいのでそもそもセックスが成り立たない。猫を傷つけないでセックスするのは不可能だから、ズーは猫をパートナーとしないのだという。また、猫の舌はざらざらしているのでオーラル・セックスをしたとしても痛いだろうとも聞いた。

動物を苦しめないことに誇りを持つゼータの人々にとって、おそらく動物のサイズの問題は大きい。だからこそ、犬のなかでも小型犬をパートナーとする人はひとりもいない。人気なのはジャーマン・シェパードやロットワイラー、ラブラドール・レトリーバー、ドーベルマンなどの大型犬やその雑種だ。

なぜ犬と馬がこんなにも人気なのだろう。動物倫理学者のジェームス・サーペル編『ドメスティック・ドッグ——その進化・行動・人との関係』によれば、犬の家畜化が始まったのは、最終氷期の終わりごろだ。当時、人間は狩猟や木の実の採集を行って生活していた。家畜化された犬の骨として最古のものは、いまから一万四千年前のもので、ドイツのオバーカッセルにある旧石器時代後期の洞窟から見つかっているという。人間と犬が共生していたもっとも古い証拠がドイツにあるというのは単なる偶然だろうが、少なくともヨーロッパでは人々と犬は太古から暮らしをともにしてきたことがわかる。日本でも、古くから人々が犬とともに生きていた証拠はある。縄文時代の複数の遺跡からは埋葬された犬の骨が見つかっていて、なかには骨折した犬に治療を施した痕跡があるものもある。このことから、縄文時代の人々が犬を単なる使役動物ではなく、人間と共生する仲間として捉えていたのではないかとも考えられている。

一方、馬の家畜化は犬よりも歴史が浅く、一説には紀元前四〇〇〇年ごろに現在のウクライナで始まったとされている。犬が狩猟の友だとすれば、馬は高速移動を叶える動物だった。ヨーロッパ人の馬への憧れの強さは、主立った都市に行けば、そこらじゅうに騎馬像があることからもわかる。歴史上のヒーローたちは、馬にまたがり今日も街を見下ろしている。

このように、犬と馬は、歴史的に人間社会のごく身近な場所で生活してきた動物だ。人間とのかかわりが深いから、特別な愛着の対象となるのかもしれない。

特に犬は、現代の都市生活者にとって、もっとも暮らしをともにしやすい動物の代表格といえる。犬は個人で飼育でき、経済的負担もそう大きくない。家のなかという私的空間で接触する機会も多い。

馬は犬に比べて飼育するのに費用がかさむ。ドイツでは都会を少し離れれば牧草地が広がり、のびのびと駆ける馬たちの姿があって、現代の日本人にとってよりも馬との距離は近い。だがそうはいっても、ドイツ人にとっても馬を飼育するのは並大抵のことではない。だから私の周りのズーたちも、馬に憧れを持つ人は多くいたが、所有している人はごく少数だった。

このような理由から、ズーのパートナーとなる動物は犬がもっとも多く、次いで馬となるのだと推測できる。犬も馬も、ほかの種に比べて人間とのコミュニケーションが取りやすい点も大きな特徴だ。それは犬と馬にもともと備わる性質にも理由があるのかもしれないが、長い歴史のなかで、この二種の動物とのかかわり方が人間たちのあいだにしっかり確立されているということもあるだろう。

ズーたちにとって重要な「動物のパーソナリティ」は、共生する間に生まれる相互関係のもとに見出される。だから、意思の疎通がしやすい動物が優先的にパートナーとなるはずだ。昆虫類をパートナーとする人が私の周りにも、ウィリアムズとワインバーグの調査結果にも見受けられないのがひとつの証拠だろう。

実際、私は二度、ズーたちが蠅(はえ)を嫌う場面に出くわした。そのひとりめは、ミヒャエルである。隣の放牧場から、牛にたかる蠅が飛んできた。それは吸血する蠅で、牛や人間を刺すのだという。ミヒャエルは慌てて蠅叩きを取り出し、急いで部屋に戻ってドアや窓を閉めるよう私に指示した。それに従い、屋内から彼の奮闘を眺めた。この数日前には雑談で、「どんないきものにも魂があると、僕は考えている」とミヒャエルは語ったばかりだったのだが、吸血蠅はその「いきもの」に入っていないのだろうかと私は不思議に思った。あるいは、あの蠅は魂を持ってはいても駆除していい対象なのだろうか。

私が興味深げに見物していると思ったのだろう、戦いを終えたミヒャエルは、部屋に戻るとこう説明した。

「あの蠅だけは、本当に危険なんだ。刺されたら歩けなくなるほど痛いんだ」と。

ふたりめは、自宅のキッチンの窓に蠅取り紙を垂らしていた。私が何気なくそれを眺めていると、その人は言った。

「蠅は、というより虫は……、どうしても、ダメ。なんというか、あまりにも自分たちと違いすぎていて……」

ズーだからといって、すべてのいきものと平和的に共存することはできないようだ。

ねずみと暮らす男

ある興味深い人物がゼータにいる。ねずみと暮らすザシャである。果たして、ねずみはコミュニケーションが取りやすい動物に数えられるだろうか。

ザシャという人物が変わり者で皮肉屋であろうことは、チャットのやりとりですでに見当がついていた。初めて彼の家に向かうとき、彼は独特の口調の長いメールで懇切丁寧に道案内をしてくれた。それを繰り返し読みつつ、交通機関を乗り継いで彼の家の最寄りのバス停に降り立つと、パーカにスウェット姿の、よく肥えた三十代の男性が待ち構えていた。想像していた通りの「変わり者で皮肉屋のギークタイプ」だったので、ひと目でそれがザシャだとわかった。

彼は私を見るや、「やあ！　よく来たね！」とニコッと笑った。笑顔がチャーミングで、私はずいぶん意外に思った。屈託がないのだ。しかめ面で応対されるのではという予想を、彼はすぐに裏切った。驚くほど舌がなめらかで、ウィットに富む英語を流暢（りゅうちょう）に操る。

ザシャの家は、私がこれまで目にしてきたあらゆる混沌（こんとん）と比較することもできないほどの無秩序状態だった。二十年前の香港（ホンコン）の裏道の建物よりも、七年前のホーチミンの五人乗りで走り抜けるバイクよりも、ザシャの家は節操がなかった。ぐちゃぐちゃで異臭がし、清潔からはほど遠い。アパートは二間以上あったが床を覆い尽くすようにものが散らかっていて、私はそこに脈絡を見出すことができない。

だが彼にはしっかりしたルールがあって、整理整頓とは違う方法でこの空間を理解しているようだった。ザシャが部屋の奥にあるソファベッドに腰掛けると、その空間は一気に完成度が増し、ひとつの小宇宙としてまとまりが出る。部屋にはベッドよりも大きいケージがあり、七匹のはつかねずみが住んでいる。繁殖を防止する意味もあり、すべてメスだ。作りが不完全なため、ねずみたちはケージから抜け出てザシャの部屋を自由奔放に走りまわっている。そんななかで落ち着き払い、居心地よさそうにしているザシャは、ねずみたちと一体化する空間の支配者だった。

どうくつろいだものかわからず、私はまずトイレに行った。しかし、それは必ずしもよい判断ではなかったようだ。

「水が出るといいね。楽しんで」とザシャは言った。恐る恐るトイレに向かうと、便器は当然のごとく清潔ではなかった。だがどうにか水が流れたのが音でわかったのだろう、出てくると「おめでとう！　ラッキーだね、きみ」と言われた。

「ところで今日、僕んち泊まるでしょ。風呂には入れないよ。トイレはまだ流れるけど、シャワーは完全に止まってるんだ。ってことで、僕もう二週間くらい身体洗ってないから、臭かったらごめんね」

たぶん異臭はそのせいだけではないのだが、私は大丈夫だと頷いた。

ザシャと話すのに集中しようとしても、ねずみが気になる。語り続けるザシャの身体を白いねずみが駆け上がり、頭の上でくつろいで、尻尾を彼のおでこに垂らしている。それを一向に気にしないで彼は話し続ける。そうこうしていると、ほかの一匹が私の脚を這い上がってきて、そのまま胸に到達し、シャツの内側に入ってきた。人生で初めてねずみを飼う人に会ったのが四十分前、初めてねずみを間近に見たのが三十分前、それなのに私はもうすでに生肌にねずみを受け入れてしまった。

「嫌だったら我慢しないで、遠慮なく摑んで放してくれれば大丈夫だから」

ザシャはそう言うが、摑めないからこうなったわけで、狼狽しかできない私の腹を伝い、ねずみはシャツの裾から顔を出して、今度は脚を駆け下りていった。

「きみを気に入って、シャツに入ったのはステイシーだよ」

ザシャには、すべてのねずみの見分けがつく。それぞれに名前もつけている。私にはさっぱり判別できない。大きさも似通っていれば色も同じ、動き方もそっくり、そのうえ常に素早く走っているから顔も見えないときては、どのねずみも同じにしか見えない。

なぜねずみが好きなのかと尋ねると、ザシャはこう答えた。

「犬のように人間に従わないからさ」

その皮肉に、私は声をあげて笑った。

「ねずみは自由で大胆で遊び好き。知恵があって、人間を出し抜く。人間なぞお構いなしに力強く生きているんだ。いや、むしろ人間を翻弄しながらかな。そこが最高なんだよ。それに、ねずみたちは人間を認めると遊び友達として接してくれるし、信頼もしてくれるよ」

ねずみたちのなかにパートナーはいるのかと聞くと、ザシャは首を振った。

「いやいや、違うよ、彼女たちは僕の〝群れ〟。パートナーじゃないよ。セックスしないもの、ねずみと。できないでしょ、どう考えても。どうやってするんだ？」

ザシャにとってねずみは性的欲望の対象ではなく、暮らしをともにする大切な「群れ」だ。

彼が自分をズーだと自覚した理由は、初めて飼育したねずみたちの群れを喪ったときだという。

「ねずみは寿命が短くて、二、三年で死んでしまう。しかも、群れのなかで一匹が死ぬと、残りのねずみも次々に死んでいくんだ。何度だって獣医に通うし、手術もするよ。だけど死は免れない。ついに群れを喪ったとき、僕はひどい鬱になった。これまで経験したことがないほどの苦しい鬱だった。それで、僕は自分のねずみへの愛着がちょっと普通ではないのではないかと思った」

ザシャは、動物への愛着について調べ始め、動物性愛を知り、ゼータを知った。自分と同じ感覚を共有する仲間がゼータにいると感じたという。

「あなたは、動物とセックスしたことはあるの？」

「ないんだよ。僕が夢見ているのはオスの馬とのセックスだけど、実際はしたことない。あまり知られていないことだと思うけど、ズーと自覚している人のなかには動物とのセックスは未体験の人がとても多いんだよ」

ザシャはねずみへの愛着と、馬への性的欲望を根拠に自分をズーだと思っているようだ。

「動物は僕にとってパーソンだ」

そうザシャは言う。「パーソン」についてのザシャの定義はこうだ。

「パーソンとは、パーソナリティを備えていると認識できる存在のことだね。たとえばねずみたちと一日一緒にいて、よく見ていれば、それぞれがなにをしたいか、なにを望んでいるのかがわかるんだよ。この、なにをしたいかといったことの根底にあるのがパーソナリティ」

ザシャもまた、関係性を通して動物のパーソナリティを見出している。

あるとき、一匹のねずみが、床に投げ置かれたザシャのパーカのポケットからチョコレート菓子を引っ張り出した。

「パトリシアはスニッカーズが大好きなんだよ！　おいしいものをよく知ってるんだよね。彼女は抜け目がないからな、僕のをよく横取りするよ」

ザシャは咎（とが）めもせずに袋を開き、少しだけ食べさせていた。チョコレートをかすめ取られ、それを取り戻したり分け与えたりするなかで、彼はねずみそれぞれとの関係性を築き、一匹一匹のパーソナリティを見出しているのだろう。

「ねずみは表現力が豊かだから、人間とコミュニケーションが取れる」

と、ザシャは言う。

だが私は、自分にねずみと関係性がつくれるとは思えない。つまり、関係性の有無とそこから発生するパーソナリティの有無は、動物種そのものの問題というより、その人が「この個体とはコミュニケーションが取れる」と感じるかどうかによるのではないだろうか。

夕暮れが迫り、ザシャと私は夕飯の支度のためにスーパーに向かった。ザシャが選んだのはたくさんのレトルト食材と、じゃが芋が十五個ほども入っている大袋だ。手伝うよと言うと、「いやいや、ほとんどレトルトだからなにもやらないでいい」とザシャは言った。

彼は芋の網袋を部屋に持ち込み、ひとつひとつ皮を剝き始めた。いつまでやるのだろうと思っていたら、なんと彼はすべての芋をつるつるに剝いた。それには優に三十分以上かかり、その間ももちろんねずみたちは走り回って、剝きたての芋が積み重なるボウルに飛び込んだ。ザシャは彼女らの好きにさせながらナイフが当たらないように気遣いつつ、私に語り続ける。

「セックスの話題はセンセーショナルだから、みんなズーの話を性行為だけに限って取り上げたがる。だが、ズーの問題の本質は、動物や世界との関係性についての話だ。これはとても難しい問題だよ。世界や動物をどう見るか、という議論だからね。ズーへの批判は、異種への共感という、大切な感覚を批判しているんだよ。誰を愛するか、なにを愛するか。そんなことについて、他人に干渉されるべきじゃない」

ザシャが熱弁を振るう間も、ねずみたちはボウルのなかで跳ねて遊ぶ。「ケイティは活発だなあ！」とザシャは感嘆さえしていた。さすがに芋を生で食べはすまい、煮るか焼くかして火は通すはずだと私は自分に言い聞かせ、なに食わぬ顔を貫いた。

幸いにしてザシャは、ねずみが踏みつけた芋を十五分は茹(ゆ)でた。それにレトルトのソースをかける。クヌーデルにそっくりではあるが、芋団子ではないし、付け合わせの紫キャベツはなかった。私には、クヌーデルよりおいしく感じられた。

こんな暮らしを通して、ねずみ一匹一匹がパーソナリティを備える「パーソン」となってザシャを取り囲む。そして、彼らは寝食をともにする「群れ」となる。

犬と対等でいられるか

「ズーの話はセックスの話だと、みんな考える。けれども、本当はそうじゃない。動物や世界との関係性の問題なんだ」

このザシャの言葉に似たことを、多くのズーたちが言った。

関係性に絡んでよく語られるのが「動物のパーソナリティ」であり、パーソナリティは彼らにとってその個体の特別さを表すものだ。もうひとつ、彼らが関係性において重視していることがある。それは「動物との対等性」だ。

ズーたちにとって、パーソナリティは人間にも動物にもあるものだ。このとき、彼らは人間と動物が対等な存在であることを前提としている。パーソナリティは対等性のひとつの言い換えか、あるいは最終目的である対等な関係に至るための理由を説明しているとも取れる。

種を超えた関係を人間社会で実現するときに、種の違いを強く感じさせるのが「しつけ」の場面だ。一般的な犬の飼い主にとっては、しつけは当たり前のことだが、その是非や、正しいしつけの方法とはなにかといったことからズーは考える。彼らは身近な動物と対等でありたいが、対等性がいかにして担保されるのかについて悩み続ける。この問題を目下抱えているのが、ハンスという二十代後半の男性である。

ハンスにとって、犬を飼うのは幼いころからの夢だった。いま、ともに暮らすクロコは彼が初めて飼う犬であり、初めてのパートナーだ。アメリカン・カナディアン・ホワイト・シェパードとジャーマン・シェパードの雑種のオスだというクロコは、体格がよく性格も猛々(たけだけ)しい。私が彼らに初めて会った二〇一六年秋、一歳三カ月だった。黒く輝く毛並みの奥で、均整の取れた筋肉が力強く動いている。ハンスはリードを短く持って歩いていたが、クロコをきちんとコントロールすることができず、しばしば引きずられるようなかたちになっていた。

端的にいえば、ハンスはしつけに失敗している。そうなってしまった理由は、彼が特にこだわった対等性にある。

「僕は、クロコと対等でありたいと初めから思っていたんだ。人間の僕と犬のクロコは、種は違うけど対等な存在だよ。だからしつけのためとはいえ、強く叱って彼に衝撃を与えるのはどうしても気が引けた」

幼犬の間はそれでもよかった。しかし、クロコは見る見る大きくなる。しつけに気が進まないとはいえ、自由奔放に育ててしまえばやはり不都合が出る。散歩のたびにすれ違う人々に吠えかかるようでは、落ち着いていられない。クロコは、ほかの犬を見かければリードをちぎらんばかりの強さでハンスを引っ張り、突進していく。そのたびにハンスは大声で「ジッツ（おすわり）！」と落ち着かせようとするが、クロコはほとんど聞く耳を持たない。

「僕には犬のしつけがどうしても難しいんだ。ゼータの友達とも、このことはよく話すよ。なぜ僕たちは犬のしつけをしなければならないのかと」

ハンスは言う。

「もしも犬が犬としての生をまっとうできる犬だけの社会があり、そこにクロコが生まれ育っていたとしたら、クロコは犬らしく、ありのままに、自由に生きることができただろう。しかし、僕のわがままでクロコは人間の僕に飼われることになり、人間社会に接しながら生きることになった。だから、クロコは苦労させられている」

この社会には、人間による人間のための ルールが山とあり、犬もそれに従うほかない。犬と人間が一緒に生きるためには、人間とうまくやるための方法を犬に学んでもらう必要がある。それがしつけの最大の目的だろう。

ハンスがクロコのしつけに失敗したことは、ゼータ内ではよく知られている。ゼータのズーたちはハンスの考えを理解し同情している。だが、かといってしつけを不要と考えている人はいない。あるズーは、しつけについてこう言った。

「もしも自分が犬の社会に生きる人間なら、間違いなく周りの犬たちはその社会でどのようにふるまうべきかを自分に教えてくれるだろう。そして自分はそれを喜んで教わるだろう。しつけは、種を超えて共存するためにはある程度必要なものだ」

ドイツの犬たち

ドイツには「フンデシューレ（Hundeschule）」と呼ばれる犬の学校が全土に無数にあって、飼い主が犬を連れてそこに通うのも一般的だ。飼い主は犬とともに、どのようにふるまうべきかを時間をかけてトレーナーから学ぶ。

レストランやカフェ、電車やバスなどの公共の場所で犬を連れているのはドイツでは当たり前のことだ。私も何度も大きな犬が電車のなかでおとなしく飼い主の足下に伏せているのを見ている。どこに行こうと行儀良くふるまえる犬に育てるのが立派な飼い主。そんな意識が、ドイツ人にはある。

ドイツの犬たちは聞き分けがよい。滅多に吠えもしない。彼らは興奮もせず、きょろきょろ周りを見回すこともなく、ただただ静かに飼い主とともに行動する。ドイツで犬の散歩に付き合っていると、しばしば別の飼い主と犬にすれ違う。愛犬家が集う大きな公園などでは、それこそ数分おきだ。面識がある者同士も多いので、そのたびに彼らは挨拶し、ときには立ち話をする。その間、犬が吠え合うことはほとんどない。犬たちは嗅ぎ合って挨拶を済ませると、少しじゃれて遊ぶが、それも穏やかなものだ。

ズーのパートナーの犬たちもこういった態度は同様で、ハンスのパートナーのクロコを除けば、どの犬も意味なく吠えることはなかったし、興奮しすぎることもなかった。私が聞いた犬の吠え声はたった一回、ミヒャエル宅でのことだった。それは私たちがリビングで話し込んでいたときのことで、人間には聞き取れなかった小さな物音に反応したキャシーが一声、短く吠えたのだった。警戒をミヒャエルに伝えるためだった。そのときミヒャエルは彼女に促されて耳をそばだて、「おそらく少し遠くに知らない人でも来たのだろう、大丈夫、なんでもないよ」と言い、「キャシーは母親の気分なんだよ。

彼女はこの家のすべての存在を守っている」と微笑んだ。

ミヒャエルは、だが、一点だけしつけに関して恥ずかしそうにしたことがある。それは食事のたびにキャシーにも猫たちにも、マーガリンを少しだけ指にとって与えることだ。

「僕はどうしてもこの点だけは彼らに厳しくしきれなかった……」と、バツが悪そうにミヒャエルは言った。たったそれだけのことと私は思ってしまうが、彼にとってはそれすらしつけがなっていないことのうちに数えられるらしい。ズーであれ、ドイツ人はしっかりとしつけをするのが一般的だから、しつけを実行しきれなかったハンスは例外的な人物といえる。

ハンスをよく知るゼータの友人は、こう話す。

「自分もハンスと同じように、しつけの是非については悩んだことがある。僕のパートナーも犬だから。だが僕は、しつけをすることを選んだ。しつけをしなければ、犬は心地よく人間社会で生きていけない。しつけは犬の安全を守るためなんだけど、本当は叱ったりしたくない。ハンスはクロコと対等でありたいあまり、しつけをきちんとできなかった。その気持ちはわかる。だが結局、クロコはハンスを苦しめているだろう」

実際、およそ一年が過ぎた二〇一七年夏に再訪したときも、ハンスはクロコに手を焼いていた。クロコのふるまいはますます乱暴になり、口輪をつけることになってしまっていた。ハンスはつらそうに言った。

「外に出るときは、クロコにこれをつけなくちゃいけなくなった。この前、ドッグランで問題を起こしたんだ。ほかの犬と大喧嘩して、止めに入った僕の指を咬(か)んでしまったんだ。わざとじゃないよ、事故なんだよ。傷を負ったのが僕だけだったのが、不幸中の幸いだよ」

縫合手術の痕がハンスの右手の薬指に生々しく残っていた。クロコはもうドッグランにも行けなくなってしまった。結果的にクロコは、のびのびと遊ぶ機会も失いつつある。

対等であることと、ともに生きていくためのしつけの問題は矛盾だらけの感覚をハンスにもたらす。だがハンスとクロコの顚末(てんまつ)から、対等であるためにしつけをせずに、「ありのままに犬らしく」育てるという試みはやはりうまくいかないのだと、ゼータのズーたちは感じているようだ。ズーたちはパートナーの動物を「対等な存在」と見るが、それは、たとえばサバンナで野生の世界を生きるライオンに対して人間が抱く感覚とは異なっている。パートナーには、本能のままにふるまってもらっては困る。ともに生きるために、人間社会に順応してもらわなくてはならないわけだ。

では、ズーの言う「パートナーとの対等性」とはなんだろう。

おそらくそれは、日々の生活のなかで自分とパートナーとの間に力関係をなるべく生じさせないことだったり、散歩の時間を一般的な飼い主に比較してたっぷりとることだったり、人によってそれぞれやり方は違うのだと思う。すべてのズーに共通していたのは、彼らの生活がパートナー中心に回っていることだ。彼らは視界のどこかで常にパートナーの姿を捉えていて、そのときなにを望んでいるかを気にかけている。二十四時間、ひっきりなしに彼らはパートナーとコンタクトを取り続ける。

名前のない猫

動物との対等性をもっともわかりやすく感じさせてくれたのは、やはりミヒャエルだ。実は、ミヒャエルのペットの猫たちには名前がない。彼は二匹の猫をただ「カッツェ(猫)」と言う。私は不思議に思い、なぜ名前をつけないのかと初めて会った日に聞いた。

「うーん、どうしてだろう。理由は特にないよ。ただなんとなくさ」

そうミヒャエルは言った。本当に理由が思い当たらないようだった。パートナーにはキャシーという名前があるのに、と私が言うと、彼はちょっと考えて、こう言った。

「キャシーという名も、動物保護施設で引き取ったときにすでにつけられていたものだよ。僕がつけたわけじゃない。彼女は出会ったときからキャシーだった」

長らく私は、ミヒャエルが動物に名前をつけない理由がわからなかった。

動物の名づけに関しては、こんなエピソードがある。霊長類学者の今西錦司(いまにしきんじ)は、ニホンザルの集団について調査研究をするとき、個体識別のためにそれぞれのサルに名前をつけた。その方法は「ジャパニーズ・メソッド」と呼ばれ、現在では世界標準になっているが、研究が発表された当時は世界的にバッシングを受けた。「サルなんぞに名前をつけるなんて、なにごと！」という反応だ。人間こそが全生物の頂点にいて、ほかの動物は人間よりも下位にあるという考え方が西洋においては強固な常識だったために、動物に名前をつけるというのは身近な動物以外には考えられないことだったという。

ミヒャエルが動物を自分よりも下位に位置する存在と考え、そのために猫に名前をつけないというのは考えにくい。どう生きれば動物と対等でいられるかを追求していて、「すべてのいきものには魂がある」と言う人だ。

しばらくミヒャエルと日常を過ごしているうちに、彼が猫に名づけをしない理由がわかってきた。ミヒャエルにとって、犬や猫に名前は必要ないのである。それは彼が言葉で犬や猫に話しかけることがほとんどないためだ。目を見る、耳を澄ます、触れる、匂いを嗅ぐ。じっと集中する。いつも、彼はそうやって動物たちとコミュニケーションを取る。話しかけることもないし、こちらのタイミングで呼びかけて、動物たちが歩いているところを遮って抱き上げたり、言葉で指示したりすることもない。だから名前は必要ないのだ。

むしろ動物たちに言葉以外の方法であれこれ翻弄されるため、ミヒャエルは無言でのコミュニケーション力を発揮しなくてはならない。動物たちの様子から望みを察知して、その希望を最大限に叶えてやることをミヒャエルは生活の中心にし、それを楽しんでいる。

芝刈りのあと、休憩していたら猫に食事を催促され、「わかった、わかった! ごはんでしょ!」と彼がぼやいたのは、私がいたからだろう。なぜかといえば、それが英語だったからだ。普段ドイツ語を喋(しゃべ)る彼が、わざわざ猫に英語で話しかけるとは考えにくい。あのひと言は、私を相手におどけてみせたわけである。

ミヒャエルは、名づけという人間らしい方法を捨てて、むしろ自分が動物的コミュニケーションを取るようになっているともいえる。動物たちといかに対等に共生するかを彼が真剣に考え続け、実践しているのを、ミヒャエルのこの態度から私は感じる。

犬は裏切らない

では、セックスの場面では、ズーたちはパートナーとの対等性をどうやって成立させているのだろうか。

「動物とのセックスは言葉での合意が取れないから、すべて性的虐待だ」という批判者からの意見に対して、彼らは自分たちのセックスをどう説明するのだろう。私のその疑問に、彼らはいろいろな言葉で答えてくれた。なかでもエドヴァルドという三十代の男性は、経験を具体的に語ってくれたひとりだ。彼は生まれながらのズーだという。

　私が彼と初めて会ったのは、共通のズーの知人宅で開かれた小さなパーティーでのことだ。彼はその日、パートナーであるバディという名前の犬と一緒に来ていた。バディはラブラドール・レトリーバーのオスで、年齢は二歳だ。

　エドヴァルドにバディとセックスするのかと聞くと、「彼とは、したことがないんだよ」と言う。何度か試したがうまくいかなかったそうだ。

「バディは何をすればいいのかちゃんとわかっているんだけど、すごく興奮しているから正しい場所に挿入できないんだよ」

　正しい場所というのは、エドヴァルドの肛門のことだ。誘導したり教えたりしないのかと私が聞くと、彼はまさか、と否定した。

「教え込んでセックスさせるってこと？　そもそもそんなふうに犬をトレーニングすることはできないよ。なぜなら最初から犬はどうすればセックスができるのか、ちゃんとわかっているんだからね。それに、性的な行為のために動物をトレーニングするなんてこと、ズーならしない。それは動物を道具扱いすることだろ？」

　これは、私が出会ったすべてのズーたちに共通していた考え方だ。彼らは「セックスのための性的なトレーニングは決して行ってはならない」という倫理観のようなものを持っている。これはゼータの理念として掲げられていることでもある。セックスを誘導することはすなわち動物をセックス・トイのように扱うことであって、それはズーとして許されない行為だと彼らは考えている。そんなことをすれば、動物との対等性が一瞬にして崩れ去るからでもあるのだろう。

私は、エドヴァルドに問いをぶつけた。

「セックスするときは、動物と対等な関係性を得られるの？」

エドヴァルドは、ふむ、と聞こえる声を出し、一拍おいてからこう話した。

「まず、セックスは家のなかで起きることだろう。人間のために作られた外の世界に彼らを矯正して順応させる必要がないという意味で、プライベートな空間では僕と犬はすでに対等だよ。セックスに限らず、家では僕は常にバディと対等であろうと努力している。だから、セックスだけが対等性をもたらすものとは思わない。でも、きみが聞きたいのはセックスそのものの話でしょ？」

頷く私に、彼は続けた。

「じゃあ、僕の経験を話そう。僕はズー・ゲイで、これまでに一度オス犬とセックスしたことがある。ペニスを挿入された経験だよ。そのときは、そうだね、僕たちは対等だった。お互いにセックスをしたいと思った。ＹＥＳとＮＯを互いに表明し、受け入れ合うことができた。そういう意味でその犬と僕は対等だったよ」

人間と犬が、お互いにセックスをしたいと思う。YESとNOを表明し合う。この言葉が具体的に意味するところを、私は想像できなかった。ミヒャエルが言った「オス犬に誘われる」話と通じる。考え込みながら、私はエドヴァルドにオス犬とのセックスはどんな感覚をもたらすのかを聞いた。

「犬のセックスって、人間と全然違うんだよ。人間はずっと激しく腰を動かすでしょ。でも、犬が腰を動かすのは最初だけなんだ。その後は不思議なくらいじっとしているんだよ。そのまま動かないで、何度も射精する。犬は背後から僕のお尻の穴に挿入しているんだけど、完全にリラックスして僕の身体にもたれかかっているんだ。僕の頭のすぐ後ろに犬の顔があって、あたたかくて、それはもう素晴らしい感覚としか言いようがない。なんと言ったらいいかな……、そうだな……、神秘的なんだ」

エドヴァルドはゆっくり、ひと言ひと言を繋いだ。

「人間とのセックスと、犬とのセックスだったら、どっちが好き？」

私がそう尋ねると、エドヴァルドはしばし考え込んだ。彼愛用のパイプから、煙がもくもくと吐き出される。

「どうしてもどちらかを選べと言われたら、犬。でも、それはセックスの快感が得られるからじゃないよ。快感の面や、面白さで言ったら、僕は人間とのセックスのほうがいいと思う。頭を使って楽しめるし、いろんな遊び方があるでしょう。僕が犬のほうがいいと思うのは、関係性が最後まで続くからだよ。人間は裏切るけど、犬は裏切らない」

彼にとって、動物は人間よりも信頼に足る存在のようだ。快感が理由ではなく、関係性の質の問題で、彼は人間よりも犬とのセックスを選ぶ。そうであれば、彼にとってそのセックスは、犬との関係性をより密接に感じるためのものなのかもしれない。

性欲をケアする

その日のパーティーには私と五人のズーたちのほかに、二頭の犬が集まっていた。一頭はエドヴァルドのパートナーのバディ。もう一頭は他のズーのパートナーのメスの犬だ。広くないリビングでその晩、私たちは全員で雑魚寝した。手や足を伸ばせば誰かのどこかに触れる。人間と犬の密度の高さに、息苦しくなるような晩だった。

翌朝、私にとって忘れがたいできごとが起きた。目覚めてコーヒーを飲んでいたら、エドヴァルドがやってきて、私にそっと言う。

「バディがイライラしている。しばらくメスの犬と同じ空間にいたからだと思う。彼女はつい最近、発情期だったらしいから、刺激されたみたい。だからちょっとマスターベーションをしてやろうと思うけど、きみも見る？」

私には、バディがイライラしているのかどうか、見ただけではわからなかった。私がバディともっと長い時間を過ごせば判断できるようになるのか、それともエドヴァルドにしかわからないのか、残念ながら答えを得られていない。ただ、この後、私は数度にわたってエドヴァルド宅に滞在したのだが、その際にバディのマスターベーションが行われることはなかった。私の滞在中にエドヴァルドはこう言った。

「せっかくうちに来ているのに、バディがセックスをしたがる行動を見せなくて残念だなあ。すごくわかりやすいんだよ、僕の周りをくるくる回って、しようしようと表現するんだ。でも、こういうのは無理強いすることは絶対にできないから」

だからこの日の朝、バディのマスターベーションをすると彼が言ったのは、私に見せたいがためではなく、本当にバディになんらかの変化があったためだろう。

マスターベーションを見るかと聞かれ、「もちろん」と私は答えた。エドヴァルドは、バスルームにバディを招き入れ、バスタオルを敷いた。扉を閉めると、エドヴァルドはバディの背中をまず撫でた。バディは尻尾を振り、膝をついたエドヴァルドの周りを回った。エドヴァルドは、バディのペニスにそっと手を伸ばした。少し触っただけで毛に覆われた包皮からすぐに細く赤い突起が現れたかと思うと、そのままどんどん伸びていき、わずか数秒で勃起したペニスが剝き出しになった。初めてそれを見た私は、目を丸くしてしまう。

エドヴァルドは私の様子に微笑みながら、血管が浮き出たペニスの表面を指して、

「ここはあまり触っちゃいけないんだ。粘膜で乾燥に弱いからね」と説明した。バディのペニスの太さや長さは人間の成人男性のものより少し大きいと思われるサイズで、根元に亀頭球とよばれる大きなコブがある。エドヴァルドが根元あたりを少しさすると、すぐに射精が始まった。

実のところ、私にはいつ射精が始まっていたのかよくわからなかった。というのも一瞬のできごとだったせいで、勃起するや体液が噴出しているという印象だったのだ。私が「えっ、もう始まっているの？　これ精液？」と尋ねると、エドヴァルドは「そうだよ」と頷いた。精液はほとんど透明に見え、強い匂いも感じなかった。人間の精液よりも圧倒的に量が多い。射精は断続的に続き、バディの精液は私の両脚に飛び散った。穿いていたボトムスの布越しに生温かい感触が広がった。

エドヴァルドがバディのペニスを触る行為は、三〜五分ほどで終わった。犬のセックスは一時間でも続くことがあると聞いていた私は、あまりのあっけなさに驚いてしまった。エドヴァルドは「はい！　終わり！」とバディの背中を撫でた。バディは再び尻尾を振りながら目を閉じてエドヴァルドの手を舐め、また、自分の股間を舐めた。

この一連の行為とその光景に、エロティックな感覚はまったく起きなかった。エドヴァルドのあっさりした様子からも、そしてけろっとしているバディからも、そんな雰囲気は微塵もなかった。いま見たものはあまりにも淡々としていて、射精介助という言葉がもっともしっくりくる。

　エドヴァルドはバディのマスターベーションを月に二度ほど行うという。頻繁になると、今度は射精できないことがストレスになるため、しすぎるのは禁物だそうだ。なぜマスターベーションが必要なのかを尋ねた。

「バディがイライラを募らせるのが見ていてわかるからだよ。かわいそうでしょう」

　エドヴァルドは、ほら見てごらん、と眠っているバディを指した。

「マスターベーションをしてやると、リラックスしてすやすや眠るんだよ」

　彼は微笑みながらパートナーを眺めていた。そして、ふと思い出したようにこう言った。

「僕は犬の去勢には反対なんだ。ひどいことだと思う。人間の都合で犬の性をコントロールするなんて。僕は僕のできることをバディにしてやりたいと思うから、彼のマスターベーションをサポートするんだ。だってバディは僕と対等な存在で、同じように性的欲求があるのがわかるから」

　それに、本当に言いにくいことなんだけど……と、彼はここで口ごもった。私は、「なんでも言って、気にしないよ」とわざわざ彼に言い、言葉を促した。

「いや、ときどきさ、障害者の性について考えるんだ。最近は、人間は誰でもセックスをする権利があるという考えがヨーロッパでは広まってきた。ドイツにはセクシュアアル・アシスタンスといって、障害者の性介助をするセックス・ワーカーもいるんだ。性は生の重要な一側面だよ。僕は決して障害者を犬と同じだと言っているわけじゃない。そこは誤解しないで欲しい。ただ、犬の性もケアされるべきものではないかと考えているんだ」

エドヴァルドがバディの射精を手伝うのは、パートナーの「イライラ」を感じ取り、共感しているからで、それは性的なケアの一環に思われる。これはエドヴァルドがバディを性的に成熟した対等な存在として見ているからだ。彼は犬の性を軽視しない。エドヴァルドだけでなく多くのズーが同様の行為をパートナーにしている。性という生に欠くべからざる要素をも含めてパートナーを受け止めたい、とズーたちは言う。

ズーのセクシュアリティ観には「パートナーの性のケア」という側面もあるようだと私は感じ始めていた。だが、実際のセックスという行為そのものが行われる場面で、いったいどのように対等性が追求されているのかは、このときまだ私にはわかっていなかった。

動物性愛と小児性愛

日本でもドイツでも、周囲の人々にズーの話をするとしばしばこんな質問をされる。

「ペドフィリア（小児性愛）の問題に関してはどう思う？」「ズーがいいなら、ペドもいいことにならない？」

この質問が驚くほど多発する事実が、私にとっては興味深かった。

ズーフィリアは、動物を性的対象とする。ペドフィリアは、人間の男児や女児を性的対象とする。このふたつは「一般的な異性愛」からは隔たりのある性愛のあり方だという点では共通するものの、性的対象が異なるので、違うものだ。だが、なぜか多くの人々がこのふたつを同様のものと見なす。

ここには対等性にまつわる問題が横たわっているように私には思える。「大人と子どもは対等ではない」という感覚と、「人間と動物は対等ではない」という感覚は近似している。人々がこのふたつを並べがちなのは、「人間の子どもも動物も、人間の大人ほど知能が発達していない」という認識があるからだろう。特にそれは言語能力に顕著に表れる。動物は言葉を話せず、小児も小さければ小さいほど言葉を操れない。

言うまでもなく、人間の小児と動物は異なるいきものだ。だが言語能力の不完全さでは共通し、その特徴は人間の大人との違いを際立たせる。そして、特に動物のなかでもペット動物を想定すると、人間の小児との存在感は近くなる。

日本でよく見かける光景がある。週末の天気のよい昼間に、たとえば東京の小洒落（こじゃれ）た住宅街の散歩道に行ってみて欲しい。多くの愛犬家が散歩を楽しんでいるのを見かけるはずだ。なかには、犬を歩かせずに抱きかかえている人もいる。キャリーに犬を乗せて歩いている人を見かけることもある。そういう犬たちはみな小さい。特によく目にするのが、チワワやトイ・プードルなどの超小型犬だ。犬たちは多くの場合、リボンをつけ、服を着ている。犬用の服だが、Ｔシャツやセーター、パーカなど、人間のための形をした服が多い。東京のとある緑道での、これまでの観察でもっとも驚いたのは、父と母と女児、そして小さなチワワからなる家族連れだ。女児とチワワはお揃いの柄のＴシャツを着ていた。この家族のなかでのチワワの位置は、おそらく女児との「きょうだい」だろう。女児とチワワは生まれたときから仲良く育てられたのだろうか。わが子と犬に分け隔てなく接する愛犬家の家族、という見方もできるかもしれない。彼らは、ベンチでくつろぐ人々の笑顔を獲得していた。

二〇一六年十一月のある日、私はベルリンにあるギャラリー「ｎＧｂＫ」で開催された「ANIMAL LOVERS」という展覧会を訪れた。展示作のなかで特に興味深かったのが、『MY BBY 8L3W』という三分程度の映像作品だ。作者はベルリンを拠点に、人間と動物の関係に焦点を定めた作品を発表するアーティスト集団「ＮＥＯＺＯＯＮ」。この作品は、主にチワワなどの小型犬や猫を熱狂的なまでの愛情とともに紹介する飼い主の女性たちの姿をコラージュしたものである。ＮＥＯＺＯＯＮによってピックアップされた素材は、一般の女性たちがインターネット上で公開しているペット紹介の映像の数々だ。彼女たちは普段の喋り声よりも一段高い、赤ちゃんをあやすような声を使ってペットに「マイ・ベイビー！」と語りかける。セルフ撮影のカメラに対し、正面から視線を投げかけつつ、彼女たちはペットを抱きしめ、キスし、舐め合い、さらには胸をあらわにして乳首を吸わせる。面白いのは、ランダムな映像から選ばれたこれらの動画のなかで、何人もの女性たちが同じトーンで同じ言葉を発していることだ。もっとも多い発言は「So cute（なんてかわいいの）」「This is my little fur baby（この子が私のモフモフの赤ちゃんよ）」「She/He is my child（この子は私の子どもなの）」だ。

この作品からわかることはいくつかある。まずひとつは、彼女たちがペットを子ども視し、自分の子どもの代替としていること。もうひとつは、多くの女性たちがペットに対して同じふるまい方で接しているという事実だ。そしてその行為を全世界に自主的に発信しているのだから、彼女たちはちっともそれを恥ずかしがってはいないし、世界もそれを咎めない。犬と娘に揃いのおしゃれをさせて歩く家族が微笑ましく見られているのと同様だ。飼い主が犬を子ども視してかわいがることには、限度はあっても人々はそれほど拒絶感を示さない。

なぜならば、ペットとは多くの人々にとって家族だからだ。家族ではあるが、ペットは父親にはならない。母親にもならない。ペットに与えられる地位は自動的に「子ども」となる。だからこそ、ペットへの態度がときにいきすぎた子ども扱いとなったとしても、人々はどこかで共感を持って理解できるのだ。「わかる、ペットって家族（子ども）だもんね」と。私が見かけた愛犬家の家族は、女児とチワワを「いまのところ同等に子ども」とまなざしている。だが、女児が成長したときはどうだろう。おそらく、チワワは「子どものままの下のきょうだい」になるのではないだろうか。

犬の存在感を人間の子どもにより近づけてしまう、ある言説がある。それは「犬には人間の二～三歳児程度の知能がある」というものだ。一般的に知られているこの言説は、犬を人間の幼児と同質の存在と人々に感じさせる。その結果、生まれて成長し、老いて死ぬまでの二十年弱の間、犬は永久に「人間の幼児」のように扱われる。犬はその家庭の永遠の子どもだ。

子どもとしての犬に性があると考えたがる人は、多くないだろう。人間に置き換えてみれば理解に難くない。もしも幼児が突然、性欲を剝き出しにしたら大人たちは狼狽するのではなかろうか。

日本では、多くの飼い犬が当たり前に去勢をされる。去勢は飼い主としての義務だという考え方もあるようだ。去勢は身近な動物の性のコントロールであり、その生命のあり方に手を加えることだ。本来は、去勢をするか否かはもっと議論されてよいはずなのだが、犬の性を無視して去勢が一般的になっている背景には、「犬の子ども視」があるのではないか。子どもは大人の支配下にあるものだから、大人が権限をふるうのは当然とされる。また、子どもは大人のようには性を持たないと通常考えられているから、「子ども」である犬の去勢にうしろめたさが起きにくい。去勢してしまえばなおさら、犬の永遠の子ども化が進む。性欲を剝き出しにされる恐怖から大人の飼い主たちは解放される。

かつてヨーロッパでは、マスターベーションが忌まわしいものとされていた。フランスの哲学者ジャン＝ジャック・ルソーは、一七六二年に刊行された著書『エミール』のなかで、それを害悪として描く。マスターベーションを悪習とする風潮は十八世紀に始まり、十九世紀にかけて欧米でさらに激化した。ミシェル・フーコーは『性の歴史Ⅰ——知への意志』のなかで、「教育者と医師は、少年の自慰を、根絶すべき疫病として撲滅しようとした」として、思春期の青少年の性が大人から管理されるものになっていたとしている。

欧米では、当時、少年のマスターベーションを防止するために、さまざまな器具や機械が開発された。たとえば、細い革ベルトの内側に複数の鋭い金属製のトゲが備えられた器具。これをペニスに装着すると、勃起するやトゲが刺さり、強烈な痛みをもたらす。また、就寝中の少年のペニスに長い電気コードがついたリングを巻き付けておき、勃起すると隣室で寝ている親にアラームで知らせる機械も開発された。これらの装置は、私がチェコ・プラハの「Sex Machines Museum」を訪れた際に目にしたものだ。いかに少年の性欲が害悪と見なされていたかがわかる。

保護すべき、純粋な存在であるはずの子どもの性の目覚めは、大人にとっておぞましいものだった。これと似た現象が、ペットの犬に対して現在、起きているように思える。十八～十九世紀の子どもたちに続いて、今度は犬たちがセクシュアリティの抑圧を受けている。汚れのない「子ども」である犬には、生々しい性があっては不都合だからだ。犬たちが「子ども」であるからこそ、人々は無意識に「ズーフィリア」と「ペドフィリア」を重ね合わせて考えてしまうのだろう。

一方、ズーたちの犬に対するまなざしは、一般的な「犬の子ども視」のちょうど逆だ。彼らは成犬を「成熟した存在」として捉えている。彼らにとって、パートナーの犬が自分と同様に、対等に成熟しているという最たる証拠は、犬に性欲があるということだろう。彼らにとって犬は人間の幼児ではないし、犬が「人間の子どものようだから好き」なのではない。

実はズーたちは、ペドフィリアを嫌うことが多い。しばしば「ズーはペドでもあるのでは？」と同一視されることへの抵抗感から、嫌悪が生じているようだ。多くのズーが「ペドフィルは許せない」とまで言う。

ズーたちは「人間の女児も男児も、幼いうちは性的な目覚めがない。そんな相手に性的行為を強いるのは間違っている。女児や男児の側から欲望することはあり得ないのだから」と力説する。その裏側にはもちろん、「成熟した動物たちには性的な欲望とその実行力がある」という主張がある。

ペドフィリアのあり方には大人と小児における性欲の非対称があるため、その時点で対等性の成立は困難だ。ズーは対等性にこだわるが、もしもペドフィリアというものが、「自分と対等ではない者／劣位にある者に対する性的欲望」なのだとしたら、ズーフィリアとペドフィリアには非常に大きな違いがあることになる。

問題をすっきりさせる鍵は、やはり対等性にある。対等性とは、相手の生命やそこに含まれるすべての側面を自分と同じように尊重することにほかならない。対等性は、動物や子どもを性的対象と想定する性行為のみに問われるのではなく、大人同士のセックスでも必要とされるものだ。

第三章　動物からの誘い

やつらは聖人君子

ズーとパートナーとのセックスは、本当に対等な行為なのだろうか。ズーが一方的に欲望を動物に押しつけているとしたら、私はズーのセックスを受け入れることはできないだろう。それは性暴力に似て見えてしまう。セックスに善悪をつけたくないと考えてはいても、私には性暴力はどうしても受け入れられない。あらゆるセックスのなかでそれだけは許せないという矛盾のようなものを、私はいつも抱えている。

前述した日本のアダルトサイトを通して知った、ふたりの日本人男性のセックスに対して私が抱いたのは、性暴力への嫌悪感に近いものだった。彼らは、自らの欲望の対象となる女性にうなぎやみみず、犬などとセックスさせて自身の性的欲求を満たす。彼らにとっては、うなぎ、みみず、犬は人間よりも下位にあるいきものたちだ。人間ではない存在と女性をセックスさせることで、彼らは人間の女性を「人間以下に落とす」と言う。その際に決して自分ではうなぎともみみずとも犬とも性的接触を図らないのは、自分だけは「人間・男性」として支配する側に立っていたいからだろう。

いくら彼らが「女性は崇高だ」「女性を尊敬している」と言おうと、彼らのセックスは手の込んだ侮辱の行為だ。彼らにわだかまる女性への嫌悪を、そのセックスによって解消しようとしているように私には思える。彼らはそうやって性欲を満足させ、また同時に、自分の優位性を確認しようとしている。

私は、この日本人男性たちの話をゼータのズーたちにしたことがある。はじめ、私は「セックスにうなぎを使う男性と日本で出会った」とだけ言った。すると、あるズーはこう答えた。

「うなぎ？　珍しいね。日本らしいのかな？　僕は、うなぎを愛するのは不可能じゃないと思うよ」

どうしてそう思うのかと聞くと、彼は言った。

「一緒にプールで泳ぐとか、いいんじゃない？」

彼はまさか女性とのセックスでうなぎをペニスの代わりとして使用しているとは思わなかったらしい。私が詳細に説明すると、ぎょっとしたようだった。

「信じられない。なんてトラウマティックなんだ。ひどすぎる」

彼はそう言って、絶句した。

ズーたちにとって動物は共生すべき仲間で、人間よりも下だという意識はない。だから「一緒に泳ぐ」ことが「愛する」ことだという発想が出てくる。

アダルトサイトで知り合った日本人男性たちに覚えたような嫌悪感を、私は、ズーと話していて持ったことはない。だが、だからこそ、ズーのセックスはわかりにくいともいえた。

ゼータの面々の話は、いささか行儀がよすぎるように思えるのも事実だった。私を警戒して不都合なことは話さないのだろうか、と当初は思った。しかし、じっくりひとりひとりと向き合うと、彼らがなにかを偽っているとは思えなかった。彼らはもしかしたら、究極的な動物愛護をしているつもりなのかもしれない、と感じることもあった。ゼータの人々はいつも正々堂々としていて、なにかを隠す必要などなにひとつないと胸を張っているように見える。

彼らは、本当にすべてを見せてくれているのだろうか。それとも、やはり、部外者に見せてもいいものだけを見せているのだろうか。そんなことを考えていた折に、私は、かつてゼータにいて、彼らと喧嘩別れをしたという人物に出会った。二〇一七年九月のことだ。名をエトガーという。

エトガーのことは、前々からゼータの人々を通して噂(うわさ)に聞いていた。「信用ならない」「嘘つきだ」という悪評から、「頭の回転が速くて、実行力もある人だよ」という肯定的な意見までさまざまだった。かつてゼータの中心人物だったというエトガーは、しかし、人間関係で問題を起こしてゼータを数年前に去っていた。

ゼータのメンバーは誰ひとり、私にエトガーを紹介しようとしなかった。私が「連絡先を教えてくれ」と言っても、「知らない」と言う。しかし、ひょんなことから知り合ったある人物から、エトガーの所在を聞いた。不仲を知っていたので、私は念のためにゼータの面々にエトガーに会うことにしたと話した。案の定、「気をつけろ」「だまされるな」という反応があった。

エトガーに実際に会ってみると、中肉中背の、人当たりのいい中年男性だった。ズー・ゲイで、つい二週間前にパートナーのオスの犬を亡くしたばかりだという。

夜勤で警備員をしている彼のアパートは狭かった。犬は亡くなってしまっているのに、部屋にはいまだその匂いが充満していた。

「まだ、片付ける気になれなくて」

エトガーの視線の先には、犬の水入れと食事用の皿があった。皿には半分くらいのドッグフードが残っていた。

彼は探るように質問してきた。

「ゼータを調査しているんなら、よっぽど僕の悪い噂を聞いただろう？」

私は曖昧に、「まあ、少しは」と答えた。

エトガーはゼータの悪口こそ言わなかったが、よく思っていないのは明白だった。

「せっかくドイツまで来ているのに、ゼータを中心に調査するなんてもったいないなあ。僕が唯一彼らに文句を言いたいのはね、きみを僕に紹介しなかったことだね」

暗に彼は自分にはもっと広いズー人脈があるのだと、私に示してきた。エトガーは言った。

「ゼータは、ドイツのズーの氷山の一角に過ぎないよ」

私は興味をそそられ、彼にゼータの問題点はなんだと思うか、と尋ねた。

「問題点といえるかはわからないが、彼らはとても変わったズーたちだ」

エトガーの真意を測りかねて、私は尋ねる。

「どういうこと？」

「彼らは倫理観が強すぎて、それにそぐわないメンバーをどんどん追い出していく。僕の周りのズーは、ゼータにアレルギーがあるほどだよ。ゼータには二度とかかわりたくないってね」

エトガーの口調が多少速くなった。そして、皮肉めいた笑いを浮かべた。

「僕に言わせりゃ、やつらは〝セイント・ズー〟さ。聖人君子ってわけ」

「セイント・ズー」、つまり「聖なるズー」。エトガーとゼータの間には確かに価値観の違いがあるようだった。そしてそれはもしかしたら、私が感じ続けている「ゼータの人々のお行儀のよさ」に関係しているのかもしれなかった。

ゼータのメンバーは、圧倒的に男性が多い。そのなかでもオスの動物を性的対象とするズー・ゲイが過半数を占める。さらに、ゼータのズー・ゲイたちは全員がパッシブ・パートだ。つまり、ゼータの男性のほとんどはオス犬に対して受け身でセックスをしている。

この比率はゼータの特色だと思う。前述した社会学者のウィリアムズとワインバーグによる調査では、男性と犬とのセックスの方法は第一位が「男性による犬のヴァギナへのペニスの挿入」で七四パーセント、第二位が「男性が肛門に犬のペニスを挿入される」で六三パーセント、第三位が「男性が犬からオーラル・セックスをされる」で四四パーセント、第四位が「男性が犬の肛門に自身のペニスを挿入する」の二四パーセントとなっている。この統計では、自身のペニスを犬に挿入するアクティブ・パートの男性の性行動が多いことがわかる。

しかし、私が知り合ったズーたちは、男性十九人中、十三人が自身のペニスを挿入しないパッシブ・パートだ（実際の性行為は未経験だが自分はパッシブ・パートだと認識している五人を含む）。さらに、アクティブにもパッシブにもなるという人がふたり。完全にアクティブ・パートなのは四人だけだ。

私の周りにはなぜかパッシブ・パートの男性が続々と現れたことになる。アクティブ・パートの話を聞けたのは、二度目のドイツ滞在もかなり後半になってからのことだ。

エトガーに言わせれば、本当は、もっと多様なズーたちがドイツにはいる。そして、そういった人々はゼータに属していない。女性のズーももちろんいるし、アクティブ・パートのズーたちも多くいるのだという。私は残念ながら、エトガーの周囲のズーたち、ゼータとは毛色が異なるという人々には会っていない。というのも、エトガーに会ったのは、調査の最終日の前日だったのだ。時間はもう残されていなかった。

「次にドイツに来ることがあれば、そして、まだズーのことを知りたいなら、次回は僕に連絡してくれ」

エトガーはそう言って、私に握手を求めた。「エトガーにはだまされるな」と言ったゼータの人々は、なにを懸念したのだろう。「聖なるズー」と揶揄(やゆ)されるお行儀のよい彼らが隠したがるなにかが、もしかしたらゼータの外にこそ存在するのかもしれない。

犬が誘ってくる

これまでゼータに所属する人々を中心に話を聞いてみて、私が感じたことのひとつは、アクティブ・パートとパッシブ・パートには大きな違いがあるのかもしれないということだった。その違いとは「語りにくさ」を抱えているかどうかだ。パッシブ・パートの人々のほうがすらすらとなんでも話してくれる傾向にあり、アクティブ・パートの人々は多かれ少なかれ口が重く、なかなか自身のセックスを語りたがらない。この事実は、私にとって興味深いものに映った。

調査を開始して間もないころに出会ったパッシブ・パートの男性に、クラウスという人物がいる。彼は臆することなく、自分と犬のセックスの経験を私に語ったひとりだ。二十代半ばで、スイスとの国境に近い町に住んでいる。クラウスに会うため、私は彼の町を訪れた。駅に着くとクラウスは改札口で待っていた。ころころした体型で背もそれほど高くないのもあって、少年のような印象を与える。彼は、母親と住む自宅に私を招いた。

家族全員が愛犬家の家庭に育ったクラウスにとって、幼いころから犬は身近で、なおかつ特別な存在だった。最初に飼ったオス犬との間には「ちょっと説明しがたいほどの、強い強い、とても強い感情的な絆（きずな）があった」とクラウスは言う。まだ幼かった彼には性の目覚めはなかったので、その犬とは性的な経験はなかった。「あれはきょうだいみたいな関係だったかも」と彼は話す。

現在のパートナーは、オスの老犬のスパイクだ。クラウスと話している間、スパイクはすぐそばでずっと横たわっていた。腹がぱんぱんに膨れ、動きは緩慢だ。重い病のため短距離しか歩けない。印刷工として働くクラウスは、平日は毎日車で十五分ほどのところにある職場に通うが、スパイクを放っておけず、昼の休憩時間には昼食を抜いてでも家に戻り、パートナーの世話をする。

クラウスが初めてオス犬とセックスしたのは、十四歳のころだったという。相手はスパイクではない。近所の家族が飼っていたオス犬とのできごとだ。その家族が旅行するというので、クラウスはドッグ・シッターを頼まれたそうだ。食事や散歩の世話をするために、毎日その犬と触れ合う。ある日、家で一緒に過ごしていたとき、初めてセックスをしたのだという。状況がよく思い描けない私は、細かく質問していった。

「セックスする前に、あなたがその犬のペニスを触ったりしたの？」

「まさか。そんなことしないよ」

「じゃあ、どういう感じで……、その犬とセックスになるの？」

「犬が誘ってくるんだよ」

この言葉を聞くのは、ミヒャエルに続き、二度目だった。

「ミヒャエルも同じことを言ってた。だけど、まだ私には理解できないの。犬が誘ってくるって、どういうことなの？　どうして誘っているってわかるの？」

「態度や仕草だよ」

私が納得していない様子なのを見て取って、彼は言った。

「犬がセックスしたがっているのは、ごはんを食べたがるのと同じくらいわかりやすいよ。だって、犬はしたいことはしたい、嫌なことは嫌とはっきり表現するでしょ。嫌なら咬んだり吠えたりして、抵抗するじゃない」

そう言われても、まだ不可解さが残る。

「じゃあ、具体的にはどうやってセックスを始めるの？　そんなに簡単じゃないように思えるんだけど」

「まず、犬が僕の身体にのしかかってくる。その犬はしつけが行き届いている犬で、他の人には絶対そんなことしないんだよ。だけど僕とふたりきりのときに、僕にだけしてくるんだ。僕だから誘ってきたんだよ」

僕だから、というところにクラウスは力点を置いていた。「どんな犬とでもするわけではないし、犬のほうもどんな人間とでもするわけではない」と強調したのだろうと思う。彼からすればその犬が特別な態度を示したからセックスに至ったということだろう。

「それであなたは、次にどうするの？　具体的に言うと、そこでパンツを脱ぐの？」

「わあ、本当にダイレクトな質問だね」

クラウスは苦笑しつつ、しかしすぐに真面目な顔に戻って答えた。

「うん、そう。パンツを下ろして、お尻はここだよと見せはする。けれど、どうしたらいいかなんて教えないよ。なにも教えなくても、犬はどうすればいいのか本当によく知ってるんだ」

私は、「うーん、そうかあ」と日本語で唸ってしまった。クラウスは微笑んでいた。

しばらく話をしていたら、夕食どきになった。クラウスの母親がキッチンから「今日はごちそうを作ったわよ」と、私にもわかるようにゆっくりとドイツ語で声をかけてくれた。テーブルに食器が美しく並べられている。手伝おうとすると、お客さんなんだから座ってて、と断られた。リビングに、知っている気がする匂いが漂ってくる。彼女は満面の笑みで大皿をテーブルに置いた。

「クヌーデルよ！」

これを食べなければドイツに来た意味がないのよ、と得意げに言うクラウスの母の前で、私はまさか本心を表せない。実は一昨晩も別の家でクヌーデルを食べたばかりだった。もしかしたら、日本のお雑煮のようにクヌーデルにもそれぞれの家庭の味があるのかもしれないと、はかなく期待してひと口食べる。しかし、やはりクヌーデルはクヌーデルなのだった。もそもそした芋団子に、味の濃いブラウンソース。添えてあるのはやはり紫キャベツの酢漬けである。

「どう？」

期待いっぱいの笑顔で聞かれたら、「レッカー（おいしい）！」と答えるしかない。

クヌーデルは決してまずい料理ではない。しかし、なぜか私はこれが苦手だ。クヌーデルはその後も何度となく多くの家庭で「ドイツの名物料理」として出され続け、都合十皿はごちそうになった。そのどれもが、驚異的に同じ味だった。ドイツ人のクヌーデルへのプライドに圧倒されながら、私は決して勝つことのできない芋団子との闘いに、内心、険しい気持ちを抱え続けた。

ドイツ人はあまり料理に熱心でないというのは、本当かもしれない。どこで食べようと同じ味ということは、みなレトルトのソースで味付けをしているのではないだろうか。クヌーデルをどうにか食べ終えて、私はクラウスとの会話を再開した。オス犬からの誘いというものがどうしてもわからない、と私は率直に言った。

「そうだね、状況は想像しにくいだろうね。でもね、オス犬に任せたら自然にそうなるんだ。自分が犬をコントロールしようとする気持ちを捨てた途端に、犬とのセックスは始まるんだよ」

この言葉を聞いたとき、私は新しい混乱と衝撃を感じた。ヒントを得られた気もしたが、摑み損ねているような感覚もあった。彼の発言は脳のどこかに刺さって留(とど)まった。自分の常識が崩されていく感覚があった。

クラウスは、老犬のスパイクともかつてはセックスをしていた。それも「スパイクに誘われたときに限る」という。老衰したスパイクは近年、もう求めてこなくなった。だから、いまはセックスはしない。

欲望をもたらすのは常に犬のほう。自分からではない。パッシブ・パートの男性たちのこの証言に、私は困惑し続けた。彼らが嘘をついているとは思わないが、信じ切ることがどうしてもできないままだった。人間が都合よく犬の行動を解釈しているのではないか、そんな思いが拭えなかった。

縛るか縛らないか

「犬からの誘い」に頭を悩ませ、だが解決策もわからぬまま、とにかく歩き回っていたある日。予期せぬかたちで、私はものの見方を修正するきっかけとなる場面にでくわすことになる。

それは、対等でありたいがゆえに、荒くれの愛犬クロコに手を焼くハンスの家を訪れたときのことだった。表に出ると興奮し、どんなものにも突っかかってしまうクロコだが、家のなかにいると、まるで様子が変わっておとなしく甘えん坊になる。その日は私とハンスが座るソファのまんなかに身体をねじ込んで寝そべった。密着するクロコの体温を感じながら、私はハンスと話していた。

そのとき話題に上っていたのはズーと「ビースティ（獣姦愛好者）」、そして「ズー・サディスト（動物への性的虐待者）」の違いだ。愛情を持たず、動物とのセックスだけを目的とするビースティや、動物を苦しめること自体を楽しむズー・サディストを、ズーたちは嫌う。

「ズーは、動物を決して傷つけたりはしない。だが世間にとっちゃあ、ズーもビースティもズー・サディストも変わらない。偏見がなくならないのは、その点も大きいだろうね」

と、ハンスは言う。

違いをわかりやすく説明するために、ひとつ動画を見ようとハンスは提案した。それは南米コロンビアのある地域で、住民の男性たちがろばと性行為を行うことを面白おかしくリポートしたショート・ドキュメンタリーで、私もすでに見たことがあるものだった。映像では、西洋人の男性がリポーター役だ。彼はときどきわざとらしい笑いを浮かべながら、村の男性や少年たちにインタビューする。そして、ついにはあるコロンビア人男性がメスのろばと性行為をするところを映像に収める。そこでハンスは動画を止めた。

「ここ、見てごらん。このコロンビア人の男性は、ろばのヴァギナにペニスを挿入しているよね。よく見ると、ろばは首に縄をかけられて、木にくくりつけられているだろう」

以前見たときは気にとめていなかったが、言われてみればその通りで、引っ張ればちぎれそうな縄ではあるが、ろばは木に繋ぎ留められている。

「ろばが逃げ出さないようにしているんだよ。ズーなら絶対にしないことだよ。ろばの自由を奪っているから、これはベスティアリティ（獣姦）。このコロンビア人の男性はビースティだよ」

ハンスは私が理解したかどうか確かめるようにこちらを見て、続ける。

「人間が、自分の欲求を満たすためにろばを使っているってことだよ。まったく対等な関係じゃないでしょ？」

ハンスは言う。

「こういうセックスの仕方だけではなく、動物に対して性的に反応するようにトレーニングすることも、ビースティの行為だと僕は思っている。そういう行為を許しちゃいけないのは当たり前なんだよ。人間同士でも同じだよ。対等な関係であればセックスの押しつけはできないでしょ」

ろばが嫌がっているのかどうかまでは、映像ではわからない。だが、縄をくくりつけている時点でハンスには許しがたい。これよりもさらにむごいことをするのがズー・サディストだと、ハンスは話した。

「ズー・サディストは、文字通りサディスト。たとえば犬の口をガムテープで塞いで、前脚も後ろ脚も縄で縛り、身動きが取れないようにしてからレイプするんだ。彼らは、いたぶる行為そのものにも興奮するんだろう。虐待者だよ」

ビースティもズー・サディストも自分たちとはこんなに違うのに、同じように思われてはたまったものではない、という雰囲気をハンスはありありと出していた。「けれど」と、彼は言った。

「残念ながら、世の中ではなにもかも混同されているけどね」

アクツィオン・フェア・プレイが「動物をレイプする男たち」としてゼータを名指しで非難していたのが思い出される。正確には暴力行為をはたらくズー・サディストやビースティを糾弾すべきところだが、彼女たちにしてみれば、動物を性の対象にする時点で、誰であろうが、分け隔てなく「アブノーマル」だ。あえてゼータを糾弾するのは、ズーフィリアを看板に掲げる彼らが攻撃しやすい対象として存在するからだろう。ゼータのメンバーたちは口々に、アクツィオン・フェア・プレイが言うような行為はわれわれはしていない、あんな所業に及ぶのはズー・サディストたちで、彼らはそもそもズーではないと説明を繰り返した。

考えてみれば、アクツィオン・フェア・プレイの動物へのまなざしもまた、ズーたちとは異なっている。彼女たちのまなざしは、動物の「子ども視」そのものだ。動物は人間に庇護（ひご）されるべき弱いもの。そういう見方が強固にあるからこそ、動物とのセックスがすぐに虐待と結びついてしまう。

話し込んでいる間じゅう、クロコは私たちに身体を寄せて寝ていた。そのぬくもりに、私はついつい眠くなってしまった。旅の疲れがふいに噴出する。私はハンスに「ごめん、十五分だけ寝させて」と言い、目を瞑（つぶ）った。クロコにもたれるようにして伏せると、あっという間に眠りに落ちた。物音がして目が覚めたときには、三十分ほどたっていたようだ。ハンスが笑顔で私を眺めている。

「気持ち良かった？　疲れが少しでも取れていたらいいんだけど」

ハンスにそう言われて、私は頷く。

「ありがとう、短いけどぐっすり眠れた気がする。クロコが温かいんだもの」

「そうだよね。犬がいれば、不眠症は治ると僕は思うんだ。実感してる」

ハンスは睡眠障害を抱えているが、クロコが来てからずいぶん改善されたという。彼はスマホを取り出して、私に画面を見せた。そこには、私がクロコを抱きかかえて眠っている姿があった。

「ごめん、勝手に撮っちゃった。あまりにもいいシーンだと思ったから」

写真はその後、ゼータのグループ・チャットに送信された。暴れん坊のクロコに腕を回して眠る一枚の写真によって、私に対する評価はどうやら上がったようだった。

夕暮れが近づき、そろそろクロコの食事の時間になっていた。ハンスはキッチンに立ち、準備に取りかかった。それを察したクロコは飛び起き、部屋をうろうろする。食事を与えられるとクロコは一瞬で平らげ、ソファに戻ったハンスに寄ってきた。クロコは鼻先でハンスのおへそあたりをつつきだした。Tシャツがめくれ上がり、ハンスの腹があらわになる。クロコは熱心にへそを舐めた。不思議に思ってなにをしているのかと尋ねると、ハンスは笑って言った。

「これはセックスのお誘い。クロコはなぜか僕のおへそをヴァギナだと思っているらしくてね。食事のあとはいつもこうして誘ってくるんだよ」

なんと私ははからずも「オス犬の誘い」を見ているらしかった。驚いてクロコをまじまじと見る。ハンスのへそを舐めるクロコのペニスは、包皮から先端の赤い部分が少し出ていた。私は驚きつつ、「オス犬は食事のあとにたいていセックスをしたがるんだよ」というミヒャエルの言葉を思い出していた。ハンスは、にこにこして言う。

「クロコの機嫌がいいときは、いつもこんな感じだよ。人間もお腹がいっぱいになると楽しい気持ちになるでしょ。クロコもきっと同じだよ。だから誘ってくるんだよ」

こういうとき、ハンスはクロコにときどきマスターベーションをしてやるという。理由はやはり、「してやると落ち着くから」というものだ。ハンスもズー・ゲイのパッシブ・パートなので、セックスするとすればクロコを受け入れる側なのだが、そのペニスが大きすぎるのが理由でセックスは一度もしていない。

「でも、僕が自分のマスターベーションをしていると、クロコは僕の精液を舐め取りにくるよ。僕にとってはそれだけでいいよ」

実は、多くの男性ズーたちがこのような経験をしている。オスでもメスでも、犬たちはなぜか人間の精液の匂いが好きで舐めにくるという話を、私はすでに何度も耳にしていた。

その日、私の前でハンスがクロコのセックスの誘いに応えることはなかった。

「クロコは、僕にその気があるかどうかすぐわかるんだよ。ほら、いまだって、もう諦めたでしょう。でも今度は遊びの誘いをしてくるよ。見ててごらん」

ハンスの言う通りで、クロコは遊び道具の綱を持ってきて、引っ張り合いっこをしようと誘った。

私には、クロコのセックスの誘いはわかりにくかったのに、遊びの誘いは明瞭だった。もしも私がクロコの飼い主で、食後にへそを舐め回されたとして、それがセックスをしたいという意思表示だとわかるだろうか。ペニスの状態の変化を見て私は納得したが、それとて、いまは念頭に動物性愛や動物の性という考えがあるからだともいえる。実家で犬を飼っていたころ、私は犬の性的欲求には一切気づかなかった。そんなものがあるとも思っていなかった。これは、動物にも性的欲求があるという発想が欠落していることによって生じた無意識の無視だったのかもしれない。その犬なりに私に性的欲求を訴えかけたこともあったのに、私がそれに取り合わなかっただけなのかもしれないと考えることも、いまならできる。

日本で出会った青年

とはいえ、ズー・ゲイたちが話した「オス犬からの誘い」について、私は長い間、釈然としない気分を抱えていた。ハンスの家では、確かにクロコの誘い行動を見た。しかし、この一例だけで納得できるものでもない。

悩ましさが募って、日本のアダルトサイトに書き込んだのはこのころだ。ゼータ以外の人々の意見が聞きたかった。残念ながらあまり収穫がなかったのは、先に書いた通りだ。しかし、たった一通、真摯なメールが私の元に届いた。それは達也(たつや)と名乗る人物からのものだった。その文面には、相談ごとを抱える人ならではの切迫感があった。私はしばらく考えたあとに、彼に返事をすることにした。すると彼は即座にまたメールをくれ、最終的に私たちはその日のうちに電話で話をした。

二〇一六年の冬の深夜のことだった。達也は緊張しているらしく、はじめは言葉がうまく出てこなかった。ずいぶん若い声だったのは意外だった。彼は二十歳で、動物の福祉に関する仕事に就く夢を持ち、そのための大学受験を控える浪人生だった。

私は彼に少しずつ質問をしながら、話をした。ただしゼータで聞いた話はこちらからは一切明かさないことに決めていた。達也は訥々と、だが堰を切ったように話し始めた。

自分は動物性愛者かもしれないし、そうじゃないかもしれない。動物性愛という言葉だけは知っていると達也は言った。小さいころから家族で犬を飼っている。現在の愛犬は名をラッキーという。ゴールデン・レトリーバーのオスで、家族の犬としては三代目だ。達也は男ばかりの三人兄弟のまんなかに生まれた。家族全員が愛犬家で、みんなでラッキーを大切にしているという。

「でも、ラッキーは僕だけを特別視しているように感じるんです。説明しにくいんですが、なつくという表現もちょっと違う気がするんです。いえ、確かに他の兄弟にくらべて僕に一番なついていると思うんですが、なつくという言い方では表しきれないというか……。僕に対してだけ……。なんて言ったらいいのかなあ。とにかく特別なんですよ、態度が」

他の兄弟には遊ぼうとじゃれたりはするが、達也に対しては、それだけではなく甘えてくるという。

「はっきり言うと、恋人と思われているような気がする」

それがなぜかを達也はうまく言葉にできないものの、確かにそうなのだと繰り返す。達也はラッキーが一歳になったころからそれを感じるようになった。私はゼータの面々が語った動物のパーソナリティの話を思い出した。パートナーとの関係性のなかに、なにがしかの特別さをズーたちは感じ取る。

「僕、だいぶ、変ですよね？」

達也は不安そうに言う。「大丈夫ですよ」と私は答え、悩む理由をさらに聞いていった。

「もっと変な話になりますけど」

言い淀む達也だったが、意を決したように再び語り始めた。数カ月前からラッキーと性的な関係があるという。具体的には、ラッキーが達也の肛門にペニスを挿入している。つまり達也はズー・ゲイのパッシブ・パートと同じ方法でセックスをしていたのだった。

「初めてそうなったのは、どういう経緯だった？」

私の質問に達也は答えた。

「それが……。ラッキーがしようって言ってくるんです。誘ってくるんです」

その言葉を聞いて、私はまさかと思った。飲み物をつごうとしていたところだったが、グラスを取り落としそうになり、慌てた。達也の話の端々にゼータのズーたちと重なるところがあるのには気づいていたが、まさか「誘ってくる」という、そのままの言葉が出てくるとは思いもしなかった。私が黙っているので、達也は慌てたらしい。

「信じられないですよね、そうですよね。すみません」

「大丈夫、ごめんなさい。ちょっとお茶をこぼしそうになって」

私は、達也には会わねばならないと思った。

「あのね、達也さん。今日はもう遅いから切ろうと思いますが、よかったら今度会いませんか？　詳しく話を聞きたいので」

達也は「もちろん」と言った。

「本当にありがとうございます。まさか、こんなふうに話を聞いてもらえるとは思いませんでした。僕、本当に困っていたんです。受験を控えているのにこのことでパニックになっていて……。誰かに相談したかったんです。でも誰にも話せないし……。ありがとうございます」

電話を終えようとしても、達也から感謝の言葉が続いてなかなか切れない。数分かけて彼は私にお礼を言い続けた。達也は困り果てていたのだ。

しばらくたって、達也と会うために私はある町に赴いた。人に聞かれたくないから喫茶店などでは話せないとのことだったので、私たちはカラオケボックスに向かった。薄暗い部屋に座って、私は彼の話を聞いた。壁を越えて隣の歌声が響いてくる。それを無視して、達也は話した。

「ラッキーからの誘いかけが数カ月続きました。僕は彼の気持ちがわかって、かわいそうだという思いのほうが大きくなった。でも僕もどうしたらいいかわからないから、なにもしないでいたんです」

ラッキーの行動がどんなものか、私は尋ねた。達也の話は、次第に具体的になっていった。

「飛びかかってくるんです。わざわざ僕の後ろに回って、腰あたりに抱きついて、ラッキーは腰を振るんです。その仕草のなかで精液が出ることもある。だんだん、彼がこの行動をする意味がわかってきて」

はじめのうち、達也はそれを怖いとも感じた。一般的な飼い主ならばするであろう態度を、彼も取った。行儀が悪いことだとラッキーに教えるために、叱ったのだ。

「だけど、僕はしっかり叱れない。他の兄弟ならば、気味悪がって叱り飛ばすんじゃないかと思う。でも、僕は彼の気持ちがわかってしまって、結局は相手をしてしまうんです。最初は、手でしてあげていました」

つまり、ラッキーのマスターベーションをするところから始まった、ということだ。そのうち、達也はあることに気づいた。ラッキーの行動は、自分の肌の露出が多いときほど激しくなる。

「春や夏の暑いとき、家ではトランクス一枚で過ごすことがあるんです。そういうとき、明らかにラッキーはいつもより興奮していて、腰を振る行為も激しくなる。僕はだんだん、彼に誘われていると思うようになりました。これは、僕の解釈によるんだとは思います。ほかの人なら誘いと思わないかもしれませんよね。でも僕はそう思った。そして誘いに乗ってしまった」

達也は、ラッキーとセックスに及んだ。ラッキーのペニスを受け入れた。彼の混乱は、この行為にも関係している。彼は、自分をゲイだと感じたことは一度もなかったからだ。「僕は異性愛者だと思っています。人間の女性に惹かれますし。でもラッキーともこんなことをしてしまって……。ラッキーのことも大好きなんです」

達也が私に打ち明けたかった核は、ここにあるようだった。彼は自分のセクシュアリティを探す段階にある。話の赤裸々さは増していった。実は、ラッキーとしたのが初めての性行為だったこと。その後、人間の女性とも男性ともセックスをしてみたこと。だが、それは「恋愛感情はない行為だったから、結論が出ない」と感じていること。「本当は大好きな人と付き合ってセックスがしたい」と考えていること。また、一方で、彼は自分自身が動物に性的に惹かれることも認めざるを得なくなっていること。

「僕は女性の裸体を見るときと同じ興奮を、メスの動物の性器を見たときにも感じるんです。僕は根本的にはオスよりもメスに惹かれるし、人間の女性にも惹かれている。それなのに、ラッキーとこんなことをしてしまった」

達也は、自身の欲望に混乱しているようだった。自分を異常なのではないかと考えるところは、ミヒャエルの若いころに似てもいる。抑えきれない動物への愛着について、達也は呟（つぶや）いた。

「おおロミオ、どうしてあなたはロミオなの。あの言葉がよくわかります。どうして、ラッキーは犬なんだろう」

達也の打ち明け話は、ゼータの男性メンバーたちからこれまで聞いてきたものによく似ていた。彼がラッキーとセックスをした理由は「性欲をため込んでいることと、うちで飼われている限り、他のメスの犬とセックスできないことをかわいそうだと思ったから」「ラッキーのことは、かっこいいしかわいいし、大好きだから」だと言う。この感覚は、パートナーのマスターベーションをすることを性的ケアと考えているエドヴァルドらと近い。

オス犬たちがどのようなつもりなのかは、知る由もない。彼らのアピールを受け止める人によって、犬と人の関係の物語は変わってくるのだろう。だが、達也という第三者を得て、私はついに「オス犬からのセックスの誘い」は本当にあるのかもしれないと思うようになった。そのようなできごとは起き得ないと否定することは、もうできなくなった。

ズー・レズビアン

だが、メス犬はどうだろうか。かつて飼っていたメスの犬からセックスの誘いを感じたことがない以上、私にはまだ疑問が残る。

ゼータにも、犬をはじめとするメスの動物たちをパートナーにする人々がいる。四十代の女性、バルバラもそのひとりだ。彼女は現在、ルナというメスの犬を妻としている。ゼータで唯一のズー・レズビアンだ。

パートナーのマスターベーションを見せてくれたエドヴァルドと出会ったパーティーは、バルバラの家で行われていた。集まったのは私と五人のズーたちで、バルバラは私たちに手料理をふるまった。ベランダでビールを飲みながらエドヴァルドたちと話していたら、キッチンでの仕事を終えた彼女がやってきた。

「みんな、なんの話をしていたの？」

バルバラが言うと、エドヴァルドが答えた。

「そりゃ決まってるじゃない。ちひろがいるんだから。動物とのセックスの話だよ」

その場にいた全員が笑った。ゼータの仲間が集まるとき、わざわざセックスについて話すことは少ないという。ズーとしての話題より、日々の当たり前のことや社会問題などを語り合うことが多い。私が現れて「久しぶりに集中してズーのことを考えたし、話した」と言う人も少なくなかった。

「いつも時間が取れなくてごめんね。今日はなんでも聞いてね」

バルバラは私に微笑んだ。彼女は、ジーンズにタンクトップがよく似合う美しい女性だ。活動的で、仕事にボランティアにと常に忙しくしている。

彼女はもともとゼータのアンチだったという経歴の持ち主だ。熱心な動物保護運動家で、これまで複数の団体に所属してきた。以前は「ズーは動物への性的虐待をする人々だと思っていた」から、糾弾する側にいた。しかし、ゼータのメンバーと出会い、直接話を聞き続けるうちに転向し、ゼータに加入した。

「ズーがどういう人々なのか、ちゃんとひとりひとりに会ってみれば、彼らが動物を虐待していないことがわかる。私が知る限り、本物のズーのパートナーたちはどんな家の動物よりも完璧にケアされ、健康状態がいいの。その逆で、動物保護を謳っていてもひどい環境で動物を飼育している団体もある。私はなんでも自分の目と耳で確認することを大切にしているから、ゼータの人々を理解できた」

そう彼女は言う。

バルバラはゼータに加入してしばらくしてから、ルナをパートナーとした。ルナはもともと動物保護施設に引き取られていた犬で、かつて虐待を受けていたからか人間不信が激しく、態度が粗暴でとても一般家庭に受け入れてもらえる状態ではなかった。ドッグ・トレーナーでもあるバルバラがルナの身を案じて面倒を見るようになり、根気よく接したところ、ようやく人間と暮らせるまでに落ち着いた。私がバルバラの家に行く前、「ルナがあなたにどんな態度を取るか、不安で仕方がない」と彼女は何度も言った。しかし、実際にその日が来てみると、ルナは私に対して冷静だった。その様子を見て「本当に安心した。今日は素晴らしい日だわ。ルナはここまで成長したのね」とバルバラは満足げだった。

バルバラはパッシブ・パートだ。ズー・レズビアンでパッシブ・パートという状況が私にはうまく想像できなかった。バルバラはこう説明する。

「ルナが望んで求めるときにだけ、セックスするということよ。ルナはホルモンのバランスによって、年に数回、発情期になるの。動物保護施設に来たときには、ルナはすでに去勢されていたのだけど、去勢をしてもホルモンの分泌は行われる。彼女は発情すると私を求めてくる。それから、私の月経のときもルナは匂いでわかるから興奮するわね。ルナとセックスするのは年に四、五回よ。そんなに多くないでしょ」

バルバラによれば、メス犬にも性的欲求があるし、犬たちはそれを表現する。バルバラと親しいあるズーからの証言で、私はルナの求愛行動についてはすでに聞いていた。

「ルナがバルバラを求めてイライラし始めるのは、見ていればわかる。そういうとき、映画でも見に行って席を外して、ふたりきりにしてあげたほうがいいのかと思うくらい、ルナの誘いは明確。求めるのは常にルナのほうだよ」

私自身は、ルナの誘い行動を見たことはない。だがこの証言以外にも、ルナがいかにバルバラを必要とし、性的にも求めているかということを私は多くの人々から聞いた。

具体的にどのようにセックスをするのかも、バルバラは話してくれた。

「ルナは私のヴァギナを舐めるの」

「気持ちいいの？」

私が聞くと、バルバラは答えた。

「いや、それがあんまり気持ちよくないのよ。だって、そんなに繊細な舐め方をするわけじゃないから」

ルナを満足させるにはどうするのだろう。

「犬のクリトリスは奥まったところにあるの。ルナは去勢をしていてヴァギナがあまり開かないから、私の指を一本だけ入れる。内側のクリトリスを刺激するとルナは満足する。ルナの性器を私が舐めることもあるけれど、口にいっぱい毛が入るし、正直そんなに楽しいものではないわね」

バルバラは苦笑いした。

初めてルナとセックスをしたきっかけは、バルバラがマスターベーションをしていたときのことだったという。

「私がディルドを使っていたら、ルナが匂いを嗅ぎつけて布団に潜り込んできて、私のヴァギナを舐め始めたの」

バルバラにとって、それは初めての動物との性的接触の経験だった。

「正直、戸惑った。でもそのときすでに私はゼータに加入していたから、いいんだ、悪いことじゃないと思った。私のモットーは、想像し得るすべてのものごとが現実にはあり得る、というものよ。だから、拒否するのではなくチャレンジしてみたの。そこから彼女とのセックス・ライフが始まった。たまにしかしないとはいえ、彼女とセックスするのは本当に素晴らしい瞬間よ。ズーとしてパートナーのルナと生きているいまは、人生で最高の状態。セックスを含めてまるごと動物を受け入れることは、真に動物を愛することだと思う」

バルバラは満面の笑みでそう言った。

匂いと誘惑

バルバラとルナの性的関係を引き起こしたきっかけがバルバラのマスターベーションだったことは、重要だと私は思う。「犬が僕の精液を舐め取りにくる」という男性ズーたちの経験と酷似しているからだ。

ゼータの多くのズーたちが、眠るときは裸で過ごす。ミヒャエルは私がいるときは遠慮して、ブリーフ一枚は身につけてくれていたが、普段は日中も家のなかでは裸だそうだ。このことも動物との距離を縮めるのに一役買っていると、私は思うようになった。

あまりにも多くの人々から「裸で眠ろうとしたら、犬が性器を舐めにきた」といった類いの話を聞くからだ。動物は当然いつも裸だが、ズーの多くもプライベートでは動物のように裸の時間を取っている。そのため、服という人間に特殊な文化的な装備品が、人間と動物という種を超えた関係における壁になりにくい。

ドイツには「ＦＫＫ（Freikörperkultur）／エフ・カー・カー」と呼ばれる裸体主義文化がある。エフ・カー・カーの始まりは十九世紀末期に遡る。近代化の波が押し寄せ、工業化とそれに伴う都市部の発展が起きた時代だ。環境汚染や労働問題が取り沙汰されるようになると、健康的な生活を求める動きが見られるようになった。そんななか、裸になって日光浴や水浴、森林浴を行うことを推奨するエフ・カー・カーが誕生する。その理念は、人間性の回復と自然への回帰だった。この動きは当初、進歩的なエリート層を中心に支持されていたが、二十世紀初頭には大衆文化となり、多くの人々に受容された。エフ・カー・カーは健康志向、さらに男女平等の思想とも結びついて受け入れられ、ヌーディスト・ビーチが各地に開設されるなど、隆盛していった。

現在、エフ・カー・カーに、往時ほどの盛り上がりはない。しかし、ドイツではいまも温泉やスパは男女混浴の場合が多い。滞在中に入浴したくてたまらなくなり、思い切って一度、スパに行ってみたことがある。タオルの持ち込みも禁止されていて、老若男女が皆、おおらかに素っ裸だ。最初こそ戸惑ったが、私もすぐに慣れた。そこでは異性の裸体も、ありのままの健康的なものという受け取られ方がなされているようだ。

ただし、ズーたちにエフ・カー・カーについてどう思うか聞いたところ、「もちろん知っているけれど、それに影響されたとは思えない」という回答ばかりだった。彼らが就寝時に裸になるのはエフ・カー・カーの思想とは関係ないらしい。しかし、少なくとも日本人にとってより、彼らドイツ人にとって裸体はより身近で、恥ずかしくないものなのではないかと感じる。裸体は「自然」で「健康」というイメージが強いのだ。だからこそ裸で過ごしたり、眠ったりする人々が多いのではないだろうか。

達也は、自分が薄着になるほどラッキーの興奮が如実になると話していた。自分自身のことを思い起こすと、実家で犬と過ごしていた間、私は彼女の前で裸になったことはないが、服越しに経血の匂いを嗅がれたことはある。ズーたちは、裸でいるときに特にパートナーからの身体的交渉を経験している。バルバラのパートナーのルナは、マスターベーションしているときにバルバラが発していた匂いを嗅ぎ取り、近づいた。匂いによって、犬たちは人間からの誘惑を感じるのかもしれない。人間の身体が放つ生理的な匂いは、犬たちにとって私たちが想像する以上に刺激的なのだろう。

考えてみれば、人間は衣服に欲情することがある。女性のミニスカートや下着に反応し、これらの衣服によって付与される女性性という記号に欲情する男性もいる。スーツ姿の男性が特に好きだという女性もまた似たもので、スーツによって喚起される男性性に惹かれている。これは視覚的な欲情ともいえるだろう。一方、動物、特に犬は、その優れた嗅覚で人間とは違う欲情の仕方をするのではないだろうか。

もしも私たち人間の「匂い」という物質的な側面が身近な動物たちを刺激しているのだとすれば、普段、衣服で遮断しているものが解放されたときに、犬たちからの反応が強くなるのも頷ける。

この点でも、愛犬に服を着せる飼い主たちは、ズーたちと対照的だ。服という人間らしさを象徴するものを着せることによって、その犬は人間社会により近づく。一方で、裸体になるドイツのズーたちは、服をときどき捨てて、動物的なあり方にいったん近づいているのだともいえる。

馬に恋をする

ズー・レズビアンのバルバラ宅でのパーティーでは、私たちは次々に瓶ビールを空けて、飽きることなく話し続けた。羽に傷を負ったインコを道で拾い、手当てをし、何年も面倒を見続けた幼少期の思い出。子どものころに繰り返し見た、ライオンの不思議な夢のこと。森のオオカミの美しさに、物心ついたときからずっと、憧れを抱き続けているということ……。彼らの自由なお喋りは、動物との物語に満ちている。私はそれに耳を傾け、彼らと一緒に何時間もベランダで過ごした。真夏の夜風がひときわ心地よかったのを、ありありと思い出せる。

このときのパーティーには、もうひとり、重要な人物が来ていた。マリクという四十代の男性だ。彼は私が出会えたたったひとりの「ホース・ピープル」、つまり馬をパートナーとする人物だ。マリクはアクティブ・パートである。

マリクとはパーティー以前に一度、ふたりでゆっくり話をしていた。ハンサムで長身の男性で、女性によくもてる。社会的地位があり経済的にも恵まれた仕事を持つ、ゼータ周辺のズーには珍しいタイプだ。マリクは誰よりも私を警戒した人物で、会う前にチャットで質問攻めにされた。私は数日にわたって丹念に返事をし、さらには共通の知人のズーからの推薦を受けて、ようやく会えることになった。彼は、そのとき私が滞在していたズー宅にふらりとやってきて、私をあてどないドライブに連れだした。ミヒャエルの車に乗ったとき以来、スマホの電波は途絶えていなかったが、このとき二度目の圏外表示となった。マリクは田園地帯の丘陵へと私を連れていった。彼は私に会うのがとても怖かったと言った。誰とも知れない相手に、セクシュアリティについて語るなどリスキーだ、と。

「だが、話してみるべきかもしれないと思い始めたんだ。ズーであることは、実は数年前まで完璧に秘密にしていた。だが、ゼータの人々を知って、少し気持ちが変わり始めた。僕はゼータに入るつもりはないが……」

　ゼータに加入しないのは、危険すぎるからだという。仕事や信頼を失いかねないから、自分には動物性愛を擁護する活動など、表立ってはできない。しかし、ゼータの人々にシンパシーは感じている。

「だから少しでも僕にもできることがあるなら、と思ったんだよ。きみと話すのもそのひとつかもしれないな、と」

　とはいえ彼は、私がレコーダーを回すのを拒否した。マリクの気持ちはわかるが、私も十二分に勇気を出しているんだけどなと思いつつ、気を取り直して話しかける。

「あなたは馬が好きなんだよね？」

「そうだよ。ほかのホース・ピープルには会った？」

「いいえ、実は誰ひとり会ってくれないの」

　するとマリクは、当然だというふうに頷いた。

「そうだろうね。ホース・ピープルは抱えるリスクが大きいからだよ」

　馬を飼育するには十分な敷地や施設が必要とされる。自分で牧場を所有しているなら別だが、大抵の場合は馬を専用の放牧場に預ける。常に人の目がある。また、多額の費用が必要だから、経済的に余裕がある人にしか馬は所有できない。馬のオーナーたちは、ある程度の社会的地位がある人々だといえるだろう。だから、余計に警戒心が強くなる。

また、ドイツでは「フェンス・ホッピング」という行為が一般的にも知られていて、問題になっている。フェンス・ホッピングとは、人が柵を乗り越えて牧場に侵入し、馬などの家畜を傷つけることだ。大抵、夜中に行われる。しばしば性的虐待の痕跡が見つかり、新聞沙汰になる。

私もいくつかの記事を見つけた。たとえば「TAG 24 Deutschland」というニュースサイトは、「変態動物虐待者がセックス・トイで馬を死に至らせる」と題した記事を二〇一六年十一月二十八日付で掲載している。内容は、ある牧場で起きた事件についてだ。何者かが忍び込んで、メスの馬の性器に金属製のバイブレーターを挿入し、負傷させた。その傷がきっかけで馬は弱ってしまい、所有者は安楽死させざるを得なかったという。

また、地方紙「Kreiszeitung」のウェブサイトは、二〇一五年一月二十日付で「動物性愛――性的虐待が『愛』を偽装するとき」という記事を掲載している。男性が牧場に侵入し、馬に性的虐待を加え、馬を縛って殴ったり、メスの馬にペニスを挿入するなどして、少なくとも一頭に深刻な傷を負わせた。しかし本人は「動物性愛者だ」と自称し、セラピーに通う措置を受けたと報じられている。記事は、インターネットのフォーラムなどで動物との性行為を好む者たちの意見交換が進んでいるとし、社会的タブーとされてきた動物とのセックスが、以前に比べ顕在化していると指摘している。

このような状況にあるため、ホース・ピープルはなかなか表に出ようとしない。アクティブ・パートであればなおさらだ。マリクはそれでも会ってくれたのだから、ずいぶん勇気を出したのだろう。

ズーになったきっかけを聞くと、彼は短く「十四歳からだよ」と答えた。しかし、そのとき何があったのかと私が質問すると、マリクはそう急かさないでくれというふうに話題を変えた。

「僕は子どものころから乗馬を習っていたんだよね。そのころから馬が大好きだった。きみは馬に乗ったことはある？」

私は体験乗馬くらいで、馬と触れ合ったことはほとんどない。

「残念だな。馬は本当に不思議ないきものだ。馬は、なぜか僕たち人間の心がわかる。たとえば、僕が右に曲がろうと思うほんの一瞬前に、馬は右に曲がるんだよ。全部お見通しなんだ、僕たちが考えていることなんて」

馬の魅力を語り始めると、マリクの心は少し和らいだようだった。馬の巨大さ、筋肉の美しさ。他の動物にはない、独特の香り。それからなんといっても、テレパシーのような不思議な力で自分の思いを受け取ってくれるところ。乗馬をするとありありと感じられる一体感。なにもかもが彼の心を奪う。馬ほど美しく、完璧で、素晴らしいいきものはいない。マリクはそう話す。

そしてようやく、十四歳のときの経験を彼は話し始めた。まだ人間の女性とも男性ともセックスをしていなかったのに、彼は初めてのセックスをメスの馬としたという。彼が受けた衝撃はただならぬもので、つらく、苦しく、自分を責めた。そんな行動を取ってしまった自分を許せなかったし、誰にも言えなかった。だが事実、彼はその馬に「恋していたし、愛していた」と言う。それに「その馬が僕とセックスをしたがった」ことにもショックを受けたと、マリクは話した。

このころには私は、動物からの誘いは本当にあるのかもしれないと自分なりに理解し始めていた。だからあまり驚かなかった。とはいえ、今度はメスの馬からの誘いだ。

「馬があなたとセックスしたがるっていうのは、そんなにわかりやすいものなの?」

「ああ、わかるよ。馬は本当に表現力が豊かだよ。こんなことは、ほとんど人には話さないが、きみのために話そう」

マリクは遠くをぼんやりと眺めながら、ぽつぽつと話した。

「乗馬のあと、世話をしていたら、そのメス馬は後ろに立つ僕をお尻で押して、壁まで追い詰めたんだ。そしてすっと尻尾を右に上げた。とてもセクシーにね。ヴァギナがあらわになった。馬はヴァギナを開いたり閉じたりして、僕にクリトリスを見せつけてきた。誘っていると僕は思った」

私には想像することしかできない。だが、この描写をしていたときのマリクは、私の目をまっすぐ見つめていて、嘘はついていないことを視線で伝えようとしているようだった。

　私はマリクにズーとしての経験をもっと聞きたくてさまざまな質問をしたが、嫌がられた。

「動物とセックスを何回したことがあるかなんて、重要な問題と思えないね」

　彼はむっとして答えなかった。だが、馬だけではなく牛とも恋愛をしたことがあること、そのときどうしてその相手なのかはパーソナリティによる、という説明をしてくれた。また、どんなに愛し合っていることが明確でも、その動物が求めなければセックスはなく、アクティブ・パートであるとはいっても、自分から誘惑することはないと言った。ある馬とは、プラトニックなまま恋愛関係を何年もの間、続けたこともあるという。

　夕暮れに月が光り、まるで十七世紀の西洋絵画に入り込んだかのような丘陵地帯の風景が広がっている。突然、銃声がした。マリクは顔をしかめ、私に「悪いけどもうここにはいられない、立って」と言った。マリクが敷いてくれたブランケットを私は慌てて片付ける。なにがあったのかと聞くと、近くで猟師がうさぎかなにかを仕留めたのだろうと言った。「本当にくだらない、最低の行為だ」とマリクは苦々しげに呟く。

　私たちは再び車に乗った。マリクはようやく私に打ち解け始めていたが、もはや別れの時間になっていた。

「もしかしてまた会える？」

車を降りるときにそう尋ねたら、彼は言った。

「さあ、それはわからないな。だが、きみの冒険がうまくいくことを願っているよ。グッド・ラック」

その晩、私はマリクの話を忘れないうちに慌ててメモに書き留めた。もう顔を合わせることはないかもしれないと思っていた。

だから、バルバラ宅で再びばったり会ったときには、なんだか気まずく、互いにちょっと苦笑いしたのだった。

口の重い男たち

私が出会ったズーたちは、ほとんどが犬をパートナーとする。だから、マリクと出会い、馬との関係について聞けたことは私にとって大きな意味を持った。馬をパートナーとする人々への興味が高まり、私はマリク以外にも二人のホース・ピープルに面会の申し込みをした。しかし、両者から断られた。

犬は人間の家庭に溶け込むかたちで生活をし、ズーと犬がどのような関係を持っていようとすぐに人目につくことはない。だが、ドイツ人にとって馬は憧れの動物の筆頭であるだけでなく、牧場で管理されるべき動物だから、プライベートな関係性についてより語りにくい。

しかし、この語りにくさは、ホース・ピープルに限らず、犬をパートナーとするアクティブ・パートの男性たちにも共通していた。

メスの動物にペニスを挿入した経験を話してくれたアクティブ・パートは、マリクのほかにふたりいる。アーノルドとディルクだ。彼らのパートナーは犬である。

彼らから話を聞き出すまでにはずいぶん時間がかかった。アーノルドとは二〇一六年の秋の滞在ですでに知り合っていたし、その後も何度となくほかのズーたちもいる場面で顔を合わせていたが、なかなかセックスの経験を語ってくれなかった。三十代のオタク青年で、私とはむしろアニメやゲームの話をしたがる。残念ながら私はオタク知識に通じていないため、彼の好奇心を満たすことができず、いつも話が弾まずに申し訳ない気持ちになる。

二〇一七年夏、二度目のドイツ滞在も予定の半分以上が過ぎたころ、私はどうにかアーノルドを摑まえようと、ひとり暮らしの彼の家に自分だけで行くことにした。ふたりきりになって、膝を突き合わせて話すぞ、という気持ちだった。

あいにくその日は土砂降りで、朝から偏頭痛がしていた。疲れも溜（た）まっていたのだろう。このころ、私は毎晩のようにかつての暴力の悪夢に苦しめられていた。ズーたちの話は直接的には性暴力やドメスティック・バイオレンスに関係しない。しかし、彼らのセックスについての語りに日々耳を傾けることは、私の精神を十分に摩耗させるらしかった。彼らの多くは心を開いてくれ、率直に話してくれる。その調子は暗くはない。しかし、やはりどこかに傷めいたものを彼らは抱えている。ある人は自責の念を、ある人は怒りを、ある人は恥ずかしさを、ある人は解けない矛盾を。一瞬の表情に、悲しみや諦めが浮かぶこともある。たくさんの人生に、社会と対峙するときの葛藤、心の波立ちがあり、それらは彼らのセクシュアリティと切っても切り離せない。そのことが少しずつ私を刺激し、自分の奥底にある傷をつつく。

偏頭痛を抱え、私は重い足取りでアーノルド宅に向かった。頭が痛いと言うと彼はハーブティーを出してくれた。書棚にはマンガ本が巻数順にきれいに並べられていた。彼はそこから何冊かを取って、見せてくれた。日本のマンガのドイツ語版だったが、私の知らない作品ばかりだった。彼はそれらのマンガについて滔々と語った。すさまじい知識を持っていることが言葉の端々に表れている。私は薬を飲んで目を閉じ、ふんふんと相槌を打って聞いていた。オタク知識を生き生きと開陳する彼のお喋りは、痛みが引くのを待つのにちょうどよかった。

三十分ほどして調子を取り戻してきた私は、姿勢を正して言った。

「今日はズーのこと、話したいのよ」

「うん、そうだよね。なんでも聞いてよ」

相変わらず手元にマンガ本を置きつつ、アーノルドは言う。私は今日はもう遠慮はしないと決めて、切り込んでいった。

彼はアクティブ・パートナーはこれまで一頭のメスの犬だけだ。現在は、どんな動物も飼っていない。

「いまは職探し中で、暮らしが安定するまでは動物を飼えないよ。それに仕事を始めたら時間がなくなって犬の世話をちゃんとできないかもしれない。だからいま、パートナーはいらないんだ」

と、アーノルドは言う。

かつてのパートナーは、まだ家族と暮らしていたころに飼っていたメスのアレクサだ。アレクサは、母親が動物保護施設から引き取ってきた犬だった。当時、アーノルドは十代後半だった。彼はセクシュアリティについて悩んだことはそれまで一度もなかったという。自分がズーだともまったく思っていなかったし、ズーのこと自体、知らなかった。誰に対しても恋さえしたことがなかったと彼は話す。

「ある日、アレクサが僕の部屋に入ってきて、寝ている僕のベッドに潜り込んでペニスを舐め始めたんだ」

そのときやはり、彼は裸で寝ていた。マスターベーションをしていたのかどうかを、聞き忘れてしまったことが悔やまれる。

「すごくショックだった。ショック以外に言葉が見つからない」

と、彼はそのときの思いを説明した。

「でも、嫌ではなかった。むしろ嬉しかったし、気持ちよかったよ。とにかく、驚きのほうが大きかったけど」

それから彼は、インターネットで情報を探し回った。動物との性的な行為についての経験談や、動物への愛着について調べていったという。ズーのことをそのとき知った。その後、数年してゼータに加入。彼は古参メンバーのひとりだ。

「あなたはアクティブ・パートだし、アレクサにペニスを挿入したんだよね？」

私が聞くと、アーノルドは伏し目がちになった。

「うん。ペニスを舐められた最初の日ではないけど、そのあとで挿入するようになった」

いつもは饒舌なアーノルドが、次第に寡黙になり始めた。気乗りしていないのは明らかだ。遠慮したい気持ちが湧いてくるが、私は粘った。

「どういう体位だったの？」

「正常位だよ。アレクサが後背位よりも正常位を好むから。だから、正常位を取ることのほうが多かった」

「どうしてそうわかるの？」

「仕草や態度だよ。犬は意思を示すことができる」

アーノルドはこの話はもういいかな、という顔をしていた。質問を変えて、アレクサへの感情面について聞く。

彼女は亡くなって久しいが、いまでも忘れられないとアーノルドは言う。

「特別な存在だよ、だって初恋の相手だからね。僕たちはふたりきりのときは、くっつき合っていた。でも変なのはね、アレクサって人前では僕にベタベタしないんだよ。だから家族のいる前じゃ、僕たちは仲がいい素振りを見せなかったな。変だろう。でも、それがアレクサ」

アーノルドは笑った。アレクサへの感情的な愛着については、パッシブ・パートのほかのズーたちと同じように、情緒豊かに話すことができる。しかし、ことセックスについては、彼は積極的に語らない。

このような態度を示すのは、アーノルドだけではなかった。ほかのアクティブ・パートたちは、私に会うことすら避けたがる。やりとりの難しさを痛感して、アクティブ・パートが抱える一種の口の重さについてもっと考えてみるべきだと私は思っていた。

それからしばらくして、もうひとり、アクティブ・パートのズーであるディルクに会った。三十代の男性だ。

ディルクとは、ゼータのグループ・チャットでこれまでも会話をしていた。会いたいと何度もアプローチしていたが、そのたびに「忙しいからなんとも」とはぐらかされ、数カ月が過ぎていた。ドイツ滞在も残り数週となってきたころ、ようやく会ってもいいと彼は言った。しかしディルクは自宅に私を呼ぶことは嫌がり、その代わりベルリン近郊に住む友人たちの家で会おうと提案してきた。

私は一も二もなく賛成し、ディルクの友人三人がシェアする家に赴いた。彼らは全員男性だ。三人中、ふたりが元ゼータのメンバーで、つまりズーらしい。私が家に着いたときは、三人は出払っていて、ディルクが留守番をしていた。

普段なら、ズーとは少なくとも数日をともに過ごすが、ディルクとは第三者の家での面会だったから、そういうわけにいかなかった。残念だが、私は自分に禁じる「インタビュー然としたインタビュー」を行わざるを得なかった。ソファに斜めに向き合うようにして、視線がぶつかりすぎないけれど自然に目が合う位置に座り、質問していく。しかしそうした気遣いも虚(むな)しく、部屋に入ったときから小さな音で流れていたジャズが、無言になるたびに緊張感を際立たせる。「さあ、話を聞きます」という雰囲気が環境によって生まれるのが煩わしく、残念だ。

ディルクがセクシュアルな魅力を感じるのは犬だという。彼はズー・バイセクシュアルで、メスの犬を相手にするときにはアクティブ・パート、オスの犬を相手にするときはパッシブ・パートになる。これまでに犬とセックスした経験は五回。そのうち四回はメスと行ったそうだ。比較すると、彼はオス犬とのセックスのほうが好きだったという。その理由を、「自分にとって本当のオーガズムがあったから。より激しい快感がある。危険な目に遭う可能性も、オス犬とのほうが高いけど」と彼は話した。

同居する家族からの要望で、ディルクは犬を飼うことができない。そのため、特定のパートナーを持ったことはこれまでにない。メス犬との四回のセックスは、ズーの友達のパートナーとしたのだという。

「誰かのパートナーとセックスすることに抵抗はないの？」

「犬もセックスをしたがっていて、飼い主も了承していれば問題ないと思うよ」

このとき私は、他人の犬とセックスをすることについて違和感を覚えた。しかし、数週間前にアーノルドとの会話で彼の心を閉じさせてしまったことが頭をよぎり、警戒心を強めるかもしれない質問を重ねるのはやめた。

具体的にどのようにメスの犬とセックスしたのかを、ディルクは語ってくれた。

「メス犬のヴァギナにペニスを挿入する。その時間は二分くらい」

そんなに短いのかと私が驚くと、彼は言った。

「二分でもメス犬はエクスタシーに到達するから、それで終わり」

ディルク自身は射精しないのだという。

「犬がエクスタシーに達してくれたらいいんだ」

私は混乱を顔に出さないようにしながらメモを取り、メス犬がエクスタシーに到達したことがどうしてわかるのかと聞いた。

「たとえばベッドシーツを引っかき始めて、それから身体をどけたがる。だから僕は離れる。そしたら自分でヴァギナを舐め始める。とても興味深いよ」

ディルクは真面目に受け答えをする。ひとつひとつの回答に淀みがなく、言葉を発する前に逡巡（しゅんじゅん）する様子もない。

「メスの犬のエクスタシーは、人間の女性よりはわかりにくい。でも、ちゃんとわかるよ。おそらくパートナーシップが長くなればなるほど、よくわかるようになる」

ディルクが堂々としているので、私は多少、安心し始める。そこで、アーノルドには歓迎されなかった質問を彼にもしてみた。体位のことだ。彼は、正常位と後背位のどちらもしたという。

「人間にとっては、正常位のほうがしやすい。だけど同時に危険でもある。咬まれたり蹴られたり、爪で引っかかれたりする可能性が高いからね。僕は後背位のほうが個人的には好きだけど、体格の違いがあるから難しいね」

私は続けて質問した。

「人間と犬のペニスの形状は違っているでしょ？　犬のペニスは最初細くて、ヴァギナに入ってから大きくなっていく。でも、人間の場合は、挿入する前から大きいでしょう。

メス犬にとって、それは負担ではないの？　それと、メス犬は発情期にしかセックスしないんじゃないかと思うんだけど」

「出産経験がある犬なら、ヴァギナは広がりやすい。半年くらいかけてだんだん慣らしてやると、人間とのセックスも可能になるんだと思う。人間とのセックスを経験していて、楽しいと思った犬は発情期じゃなくてもセックスしたがるよ」

ディルクの率直さに私は感謝した。しかし、彼の話を通して疑問が解けたわけではなく、むしろ深まった感がある。

人間と正常位でセックスすることは犬の身体には不自然で、負担がかかるのではないか。さらに、ディルクが言うようにメスの犬を人間とのセックスに「半年かけて慣らしていく」ということが行われているのであれば、それは動物をセックスのためにトレーニングすることではないのか。また、発情期ではなくともメスの犬がセックスをしたがるというのは、私には腑に落ちない。

こういった点は、実はズー同士でも議論になることがある。アクティブ・パートは常に疑問視される側で、パッシブ・パートが追及する側だ。アクティブ・パートは、自分のセックスが虐待的だと見なされるのではないかという恐怖にいつも怯えている。そのような場面が、ディルクとの間にも訪れた。この家の住人たち三人が帰ってきたときのことだ。

三人のうちふたりは、挨拶だけして私と話そうとしなかった。しかし、もうひとりは非常に快活な人物で、私を歓迎してくれ、すぐに会話に入ってきた。

その人は完全なパッシブ・パートであり、ペニスを挿入する行為は動物に対して一度も行っていない。私とディルクの話のあらましを聞いて、彼は言った。

「厳密な意味では、アクティブ・パートであることは本当に動物を大切に扱うことだとはいえないと思う。どう？　そこを説明してくれる？　ディルク」

するとディルクは苦笑いし、黙ってしまった。もしかしたら私とふたりきりであれば、彼はなにかを話してくれたかもしれない。どういうわけか、このときからディルクは多少無口になった。

語りにくさとうしろめたさ

パッシブ・パート対アクティブ・パートの話は、ペニスを挿入されるのはよくても、挿入するのはよくないという、なんとも不思議な議論だ。だが、私にはこの争いがばかばかしいものには思えない。この議論はセックスと性暴力について、人々がある種の感覚を共有していることをあぶり出しているように思える。

アクティブ・パートの男性たちはみな、パッシブ・パートの人々に比べて口が重い。

その最大の理由は、動物性愛や獣姦を批判する人々が想定するのが、基本的にアクティブ・パートの人間の男性による、動物へのペニスの挿入だからだ。そのときのセックスの主体は人間の男性で、セックスとは「男性がペニスをヴァギナに挿入し、射精すること」と往々にして考えられている。ズー・ゲイのパッシブ・パートや、ズー・レズビアンのセックスはまず、誰の念頭にもない。まっさきに悪者にされがちなセックスをしているのが、アクティブ・パートの男性というわけだ。

だがなぜ、そこまで男性のアクティブ・パートは分が悪いのだろう。

アクティブ・パートのなかでも語りにくさには差があるようだと、私は人々と話していて気がついた。どうやらそれは、相手となる動物の種類によるようだ。馬を愛するマリクは、彼が馬のヴァギナに初めてペニスを挿入した十四歳のときのことを、メスの犬とセックスしたアーノルドよりもすらすらと語った。私に対する警戒心は、マリクのほうが強かったにもかかわらずだ。マリクには「自分のペニスで馬を傷つけるかもしれない」という意識がなかった。

動物とのセックスはすべて性的虐待だと断じる犯罪学者のピアーズ・ベアーンは、人間の男性と馬がセックスをする場面を収めた映像を見た感想として、こんなことを書いている。

「馬や牛などの大きな四足動物は、〔人間の男性からペニスを挿入されたりすることに〕

痛みや喜びを感じているというよりは、むしろ退屈しているか、無関心であるように見えた。（中略）実際、人間たちが強いている性的な関係について、これらの大きな動物たちが気づいているのかどうかもよくわからない」

「人間の男性はペニスで馬を傷つけることはできない」という考えが、批判者側にも当事者側にもあるようだ。私は、この点を興味深く思った。バルバラの自宅で行われたパーティーの晩、私はガールズ・トークを装って、バルバラに話をふっかけた。

「ねえ、男性のアクティブ・パートって、本当のところどう思う？　動物を傷つけないでいられると思う？」と。

するとバルバラはケタケタ笑って言った。

「馬は大丈夫よ。だって馬のヴァギナって大きいもの。人間の男のペニスなんて、あんなちっちゃいもの、へっちゃらよ！」

「じゃあ犬は？　メス犬ね。アーノルドとか」

「うーん、アーノルドのパートナーはすごく昔に亡くなっているから、私は知らない。だからなんとも言えないけど、私が思うにたぶん大丈夫なんだと思う」

「どうして？　根拠ある？」

バルバラは一瞬声を潜めた。

「あのね、たぶんアーノルドってペニスが小さいのよ！　見たことはないけど」

バルバラは、一笑に付してこの話を終わらせた。彼女もまた、性器の大きさを理由に、そのうえ半分は想像で、セックスにおける暴力性の有無を線引きする。単なる笑い話とはいえ、私にはずいぶん引っかかった。

馬と人間の性器を比較して、大きさに違いがあるから性的虐待にならないという理屈は納得しづらい。身体の大きな女性は、小さな男性に性暴力を加えられてもよいと言えないことを考えれば、この理屈がおかしいのがわかる。小さなペニスなら安全で、大きなペニスほど危険だということになる。ここにはペニスそのものに暴力性を見出すまなざしが暗黙裡(あんもくり)に存在している。そうなると、男性は暴力を振るう可能性から逃れられない。これは、とても幼稚なミサンドリー（男性嫌い）でもある。

ペニスそのもの、そしてペニスを挿入するという行為に暴力性を見出す視点が社会に漂っているから、アーノルドやディルクは自分たちのセックスをなかなか語りたがらなかった。そして彼らが押し黙るほど、その視点に同意することにもなってしまう。

ズーの男性たちは、ペニスを持つうしろめたさを抱えているのかもしれない、と私は想像するようになった。ペニスは、それを持つ彼ら自身にとっても忌まわしく、凶暴で、思うままにならないものなのかもしれないと。そしてそれは、なにもアクティブ・パートに限ったことではない。裏を返せば、パッシブ・パートの人々もまた、その視点に立っている。

私が出会ったズー・ゲイのパッシブ・パートや、ズー・レズビアンのセックスには、暴力的な側面は見受けられなかった。彼らはいつも「動物の誘い」をきっかけにセックスをし、欲望の主体は自分ではなく、動物だという立場を取っている。また、エドヴァルドやハンス、そして達也には、「動物の性のケア」という視点があるから、やはり自分が受け入れる側になる。

パッシブ・パートのクラウスは、「自分が犬をコントロールしようとする気持ちを捨てた途端に、犬とのセックスは自然に始まる」と言った。これが意味するのは、パッシブ・パートたちが、人間と動物の間に従来あると思われている支配と被支配の関係から、セックスのときには脱するということだ。

彼らはセクシュアルな快感よりも、動物との関係性に惹かれるから、動物とのセックスが好きだという。彼らはペニスを挿入されたり、繊細ではない舌で舐められたり、毛むくじゃらのヴァギナで口のなかがもぞもぞしたりすることを喜んでいるのではなく、相手を丸ごと受け入れることができる自分と、パートナーの性的満足に充足感を見出している。パッシブ・パートの人々がセックスにおいて得る最大の喜びは、支配者側の立場から降りる喜びだ。そのときにこそ、彼らが追求するパートナーとの「対等性」が瞬間的に叶えられる。

しかし皮肉なことに、パッシブ・パートが、性も含めてパートナーの存在を丸ごと受け入れる素晴らしさを満面の笑みで語ることができるのも、性的ケアの側面を強調できるのも、彼らが自分のペニスの挿入を避けて、暴力性を回避しているからだ。彼らはペニスの暴力性から解放されることで、まるで自分自身もまったく暴力的でないかのように語ることができる。

だが、性暴力の本質がペニスそのものにあるわけがない。短絡的にペニスに暴力性を見出していては、セックスから暴力の可能性を取り去ることはできない。男性、厳密にはペニスを悪者に仕立て上げたところで、解決策を生むどころか、強者と弱者、加害者と被害者のわかりやすい二項対立を生み続けるだけだ。性暴力の本質はもっと別のところにあり、それは性別や性器の形状とは根本的に無関係なはずだ。

第四章　禁じられた欲望

欲望のトレーニング

「俺、一度も勃起してない。もう三日目なのに」

その男性は、なぜか誇らしげにそう言った。

「でもいいんだ、たくさんの人にエクスタシーをあげたから。俺はエクスタシーのサプライヤーだ。射精したいという欲求からは解放された！」

二〇一七年七月中旬。ベルリンの東部、観光目的ではまず行くことはない辺鄙な地区の、とあるコンベンションセンターに私はいた。もとは倉庫だったのだろう、レンガ造りの古めかしい建物が並ぶ。広い中庭につくられたビアガーデンで、私はソーセージを頬張り、ビールを飲んでいた。目の前で彼もビールジョッキを傾け、昨日までの経験や感想を私に話してくれていた。

私が訪れていたのは「エクスプロア・ベルリン（Xplore Berlin）」というフェスティバルだ。三日間に及んでセックスやセクシュアリティにまつわるさまざまなことがらを経験する。二〇一七年時点ですでに十四回目を迎えていて、年々少しずつ規模を拡大し、参加者も増え続けている。とはいえドイツ国内で有名かというとそうではなく、知る人ぞ知る催しといったところだ。私は現地で人づてに聞いて参加を決めた。ズーたちと時間を過ごすだけではなく、別の側面からもドイツのセックス・カルチャーを知りたかったからだ。

エクスプロア・ベルリンの開催目的は「知的で偏見のない、遊び心溢れるセックスへのアプローチを促し、クリエイティブなセクシュアリティのためのヒントやアイディアを提供する」というもの。三日間、朝から晩まで、一コマ九十分のワークショップが行われる。その数は計四十以上に及ぶ。特徴はＢＤＳＭ（Ｂ＝ボンデージ、Ｄ＝ディシプリン、Ｓ＝サディズム、Ｍ＝マゾヒズム。ボンデージは拘束、ディシプリンは調教を指す）系のワークショップが多いことだ。近年、ヨーロッパで流行中の日本の縛り(shibari)の実践講座もあった。

ズーたちとの生活を繰り返すうちに、私の内面ではある変化が起き始めていた。セックスから身体的な手応えが抜き取られていくような気分。セックスというものが概念的、抽象的なものになっていくかのような感覚。それは、ズーたちと私がずっと言葉でセックスを語り合い、説明し理解しようと努力しすぎたからかもしれなかった。動物という、言葉を使わない存在たちとの「対等」なやりとり。ズーと動物の間には、言葉ではない方法のコミュニケーションや、身体が発するシグナルの数々が存在するはずで、そしてそれらは彼らにとっては言葉よりもなお重いもののはずなのに、それがどんなものかを語るにはやはり言葉が必要だ。その迂回路(うかいろ)をうろうろしているうちに、私のなかでセックスというものの既成概念がいったんバラバラになったようだった。

これは、私がこのテーマにとりかかった当初に目的としていたことではあった。人間ではない存在とのセックスを知ることで、セックスそのものの意味がまったく別の角度から見えてくることこそを望んでいたのだから。しかし実際にセックスを語り合い、その構成要素を分解していくと、私の脳はやはり混乱をきたし、セックスがいままでよりもっと不明瞭なものに思えてきた。

とはいえ、このイベントに参加するときにそこまで深く考えていたわけではない。私は少しの気晴らしか冒険のつもりで、いたって気楽に申し込みをした。そして初日、会場をのほほんと訪れたのだが、とたんに予期せぬ衝撃に見舞われた。

受付を済ませ、一歩足を踏み入れるや、屋外でセックスをしている男女を見かけた。ふたりは立ったまま静かに身体を寄せ合っていた。一瞬、無意識に凝視してしまう。その後、慌てて目を逸らす。この状況に驚いて、どうしていいのかわからなかった。落ち着こうと、ぐるり一周、敷地を散策してみる。木陰にハンモックチェアを出して寝そべる初老の男性がいた。全裸である。その周りに女性たちがいて談笑している。

目のやり場に困るとはこのことだ。私は受付近くのベンチに戻って、プログラムとパンフレットを開いた。このイベントの参加費は、三日間のフリーパスが二百五十ユーロ（当時の相場で約三万二千三百円）と安くはない。興味深いのは低所得者や学生に向けて割安のチケットがあることで、百七十ユーロ（約二万二千円）に値引きされる。つまりこのフェスティバルはお金持ちのための道楽や秘密クラブといったものではなく、身分や立場によらず、なるべく多くの人々に場所を開放し、アイディアと経験を共有することを目指している。パンフレットには「安全で健全な、合意に基づくセーファー・セックス」が大前提として参加者には義務づけられることが大きく記されていた。

ワークショップ用の部屋のほかに、いくつか特設会場があった。そのうちのひとつ、「サイレント・スペース」という場所は常時開放されている。入室には規則がふたつあり、白い服を着るというドレスコードと、私語は厳禁とあった。着ていた服が白くなかったので少し気になったものの、なにか言われたら出ればいいかと向かってみた。誰とも話さなくてもよさそうだし、のんびりできるかもと思ったのだ。

高い天井、真っ白の床、真っ白の壁。前方でジャズの生演奏が行われている。いくつもの大きな窓から、日の光が燦々（さんさん）と降り注ぐ。漂白されたかのように明るく、音楽に満たされたその空間で、何組もの人々がセックスをしていた。縄できつく縛られた半裸の女性が、身を折りよだれを垂らしている。ＳＭのコスチュームに身を包むスタイル抜群の人がいるかと思えば、肥満した身体をさらけ出し鞭打(むちう)たれる人もいる。派手に女装した男性。素っ裸の老人。筋肉質の若者。誰もが思い思いに乱れている。唸っているともよがっているとも判別のつかない声が、あちらこちらから聞こえる。サイレント・スペースは甘い場所ではなかった。私はその場でひとり、へたり込んでしまった。

見失っていたセックスの身体の生々しさが襲ってくる。呆然(ぼうぜん)として私は人々の姿を眺め、声を聞いた。彼らの身体の一部である声たちが耳に直接入り込む。聞いているだけなのに、私はなにかを彼らと共有している感覚を受けた。

目の前で、女性が男性にヴァギナを手で刺激されていた。彼女は低い声を出していたが、しばらくして失神した。快楽で気を失う人を、私は初めて見た。男性は優しく微笑んでいたが、数秒して心配になったようで女性の頬を叩き、声をかけた。しばらくして意識が戻り、彼女は横たわったまま男性を抱き寄せた。ふたりは微笑み、いたわり合うように互いを撫で、しばらく寄り添っていた。このような光景を見ても、なぜかいやらしく感じられなかった。私が初日に覚えた最大の違和感はそれだ。明るく健康的。空間のどこにも、また快感をむさぼる人々の表情のどこにも陰影がない。

いつどのようにしてセックス観を身につけたのか、私のなかにはどうやら「セックスとは、夫婦や恋人といった親密な間柄の人々が密室空間で行うもの」で、「だからこそ淫靡(いんび)なもの」という感覚があるらしい。いま目の前で繰り広げられている光景は、それとはまったく違っていた。その落差が理由なのだろうか、初日はまさに疲弊しきった気分で私は帰った。気分転換どころではない。戸惑いしかなかった。

性暴力の記憶

二日目、私は思い切ってワークショップに参加してみようという気になった。プログラムを丹念に読むが、どれも私には難度が高い。「裸になってパートナーを組み、リラックスを促すヨガ」「パートナーとともに裸になって、普段軽視されている性器の美しさを楽しみ、相手の肉体にどう訴えかけるかを追求するヨガ」といったものが多いのだ。「足裏攻めの技法」や「欲望を伝えるための服従の方法」などのＢＤＳＭ系の内容も、痛みを快感として受け入れられない私には気が引ける。どうにか、裸にならず、痛くもないプログラムをいくつか見つけた。そのひとつが「言葉を使わずにどのように触れて欲しいか、あるいは触れて欲しくないかを表現する方法を学ぶ」というものだった。

そのワークショップの参加者は三十人程度だった。

「習慣化している言葉でのコミュニケーションから脱却することを目指します。相手と波長を合わせながら、言葉を使わずに、自分が求めていることを表現してみましょう。では、隣の人とペアになってください」

講師の説明を受け、偶然隣り合って座った男性と向き合う。相手が少しずつ私の膝や腕を触るので、私は目を閉じ、彼の手の動きを感じ取りながら声だけでレスポンスする。自然と歌声のようになるのが不思議だった。相手は私の声の調子から、触っていいのかよくないのかを判断する。役割を交代して、私も彼を触った。

これが、簡単なように思えてそうではなかった。難しかったのは触られること。「いい、嫌だ、好き、嫌い」といった感覚が、なぜか私には起きにくかった。触るほうが簡単だった。彼の声音で触っていいかよくないかを聞き分けるのもそう難しくない。私は相手の気持ちを汲み取ることはできたが、自分の感覚を表現するのは苦手だった。

最初の数分でその傾向に気づき、その後、それは徐々に確信に変わっていった。声と動きをランダムに組み合わせ、即興でダンスのように身体を動かすワークに入る。好きなだけ自由に声を出し、部屋をうろうろ歩き回ったり、腕や脚を振り動かしたりする。サルやライオンなど、動物の真似をする人もいた。だんだん理性が崩れてくるのか、人々の声が次第に大きくなる。大合唱にも聞こえる声の塊が部屋に響き渡り、どういうわけか参加者全員が床に寝そべり、抱き合い、最後には積み重なり合う人々の山があった。気づけば私の周りにもそういうものができていて、何人もの男性が私に密着していた。四方八方から伸びてくる手が、私の顔や髪や脚や腕を撫でていた。そのときもなかなか「いいのか嫌なのか」がわからず、しばらくなるように任せていた。すると、右隣にいた男性が下半身を押しつけてきた。私はそのとき、明確に不快だと思った。にもかかわらず「嫌だ」と表現できず、男性がにじり寄ってくるのを拒否できなかった。人々がリミッターを外し、他人に触れたいという欲望に忠実になりすぎている雰囲気に吞まれてしまっていた。

このことをその後、何度となく後悔し、反省した。「嫌だ」と身体で主張するべきだったし、そのためのワークショップだったはずだ。しかし、ものの見事に失敗した。思っていた以上に私は流されやすく、自分よりも他人を優先する傾向があることを知った。また、「どこに触れて欲しい」という具体的な希望も持ち合わせていなかった。私は自分の欲望のかたちをはっきりと知らないのだと、気づいた。

いまだにそんな自分なのだ。

性暴力の経験ののち、私は「なぜ逃げられなかったのか」と何年も自分を責め、自分への怒りに苦しみ続けた。逃げられなかった外的要因はいくつも挙げることができる。だがいくら理由があっても、自分を許せなかった。強い人間だったなら、十年もかけずに逃げることができたのではと。私はビースティがペニスを挿入するろばのように、縄で木にくくりつけられていたわけではない。動物のように言葉が喋れないわけでもない。だが、逃げられなかった。

私が経験し続けたあのセックスは、なんだったのだろう。あのころ、私のセックスは殴られる恐怖から逃れるための取引だった。その間だけは打たれずにすむ。私は自分の身体を供物として差し出していた。逃れたいという意識が勝り、精神は身体を軽視して、それをぼろぼろにするのに加担する。私と男の間には、言葉があった。合意も取れていたと男は思うだろう。しかし、そこに本当の意味での合意があったはずがないことは、誰の目にも明らかだ。あのときの私の「はい、いいえ」「YES、NO」にどれほどの意味があったのか。

言葉よりも前に、どうにもならない身体がある。されるがままにセックスをされていたとき、私は無抵抗だった。いや、密かに、微かな抵抗はしていた。伏せて表情が見えないようにし、顔を思い切りしかめていた。それは抵抗というよりも、せめてもの自分への弁解だったのかもしれない。それが唯一私にできたことだったのに、相手には決して知らせなかったのだから。

身体的暴力は、セックスよりもよほど訴えかけが大きい。セックスなどどうでもよくなるほど、殴られ蹴られる衝撃は大きい。痛みは身体中に響き渡り、忘れられなくなる。身体的暴力の周りには、涙、声、叫び、嗚咽、痛み、麻痺、諦め、憎しみ、怒り、そしてさらなることに、ときには笑いまでもがある。数多の感情や感覚が暴力とともにもたらされ、蒸発して空気に混じり込み、私はそれを何度も吸い込む。痛みと感情と感覚は混沌とした渦になって襲いかかり、身体という接触面を介して日に日に精神に食い込んでいく。

いつしか、精神と身体は分離した役割を持つようになる。精神はこの状況を説明可能なものにするためだけに働いて、脳はあれやこれやと理由を探す。身体はその精神を幽閉する檻と化し、自由を奪い、逃げ出すことを許さない。精神は身体を、身体は精神を犠牲にする。目の前で文字通りベッドを覆う炎が立っていても完璧に鈍感になるほどに、身体も精神も機能しなくなる。

そしてバラバラの身体と精神を統合しないところで、セックスが起きる。一方的なタイミングで、一方的な射精が行われる。私にとって、それは無意味で無感動だ。だが相手をなだめすかし、その晩を眠りに充てるためにだけ、私はそれに合意する。合意しないことが不可能であるがゆえにしてしまう合意は、言葉によっても身体によっても覆すことができない。このとき、言葉は身体と精神の分断を進める。そしてその「言葉による合意」はやはり、その男の暴力的な性行為を正当化してしまう。そうやって、セックスにおける偽物の対等性が出現する。

言葉での合意さえあれば性暴力ではないと、いったいなぜ言えるだろうか。言葉を使う私たちは、言葉を重視すればするほどきっと罠にはまる。言葉は、身体からも精神からも離れたところにあるものだ。それは便利な道具だが、私たち自身のすべての瞬間を表現しきれない。言葉が織りなす粗い編み目から抜け落ちるものは、あまりにも多い。

言葉に慣れきった私は、言葉を封じるワークショップで、自分自身がひどく鈍く、表現力に欠ける人間であるように思った。

快楽のジャングル

エクスプロア・ベルリンも最終日になっていた。幾人かの知り合いもできていた。ビアガーデンで「射精欲から解放されたぜ！」と話す彼は、五年続けてこのフェスティバルに通っている。彼が「今年のワークショップは全然ぬるい」と言うので、過去にどんな経験をしたのか聞いた。

「俺が初めて参加した年はすごかった。みんなで集まってマスターベーションするっていうワークショップがあったんだよ。それで洗礼を受けたね」

私は仰天してしまった。どうやらそのワークショップには男性しか集まらなかったらしい。全員、ペニスを握ってマスターベーションをしたという。

「いやあ、勃起しないんだよね。俺だけかなと思ったら、そうでもない。みんな勃たない。みんな弱いし、みんなかっこ悪いし、なんにも気にしなくっていいのさ。だからきみもね、コンプレックスとか、なにもかも捨てちゃえばいいいんだよ。恥ずかしいことなんてなんにもないいんだからね」

長身で肉付きのよい男性たちが力なく萎えるペニスに奮闘する様子を想像して、私は思わず笑ってしまう。嘲笑ではない。ほのぼのしたのだ。まるでそれは、男性たちが寄り集まって、自分たちが苦しむ、ペニスに付与された暴力性を捨て去ろうとする試みのようにさえ私には思える。「みんな弱くて、かっこ悪くて、それがいい」と話す彼は、弱いペニスに安心したようにも見える。さらに今年はついに「射精したいという欲求からさえ解放された」。これはペニスの行使をやめて、それに代わる満足感を得たという意味にも取れる。

明るく健康的でいやらしさのかけらも見当たらないこのフェスティバルには、暴力を想起させる場面は皆無だ。ＢＤＳＭプレイを成立させるためのもっとも大切な約束事である「セーフワード（プレイを中断する合図となる言葉）」の徹底。作り込まれた空間、演出、遊びの仕掛け、ワークショップ。それらによって、ここでは安全性が確保されながら、セックスにこれまでとは違うなんらかの意味を見出そうとしているようだ。

「きみ、〝ジャングル〟には行った？」

彼に言われて首を振る。「ジャングル」とは、サイレント・スペース同様の特設会場だが、コンセプトが異なる。人々に聞いてみても「あそこはカオス」「詳しくは言えない。行ってみるしかない」「勇気を出せ、これも経験だ」と言われるばかり。

「行ってごらんよ。盛り上がっていると思うよ。でも、仮装しなきゃ入れないからね」

彼にそう言われ、私は腹をくくって未踏のジャングルに向かった。衣装がたんまり用意されている部屋で着替えをする。ショートパンツにヒョウ柄のキャミソール、金髪のウィッグ、カウボーイハットを選び、さらにキツネの尻尾をつけて「ジャングルで動物を狩っていたら、呪われて尻尾が生えてきたハンター」というコンセプトにした。ジャングルの入り口には仮面をつけたドアマンがいて、仮装の審査に通らないと入れない。説明すると、幸いすんなり通された。

狭い入り口をくぐると、内部は洞窟のように暗かった。会場で唯一、ここだけは暗闇が保たれている。しかし淫靡さはやはりなく、むしろ学園祭のお化け屋敷のようだった。天井から何枚もの薄い布が垂れ下がっていて、視界は悪い。布をかきわけて迷路を進むにつれ、幅が狭く奥行きのある、異様な空間に仕立て上げられていることがわかってくる。あちこちで人々が抱き合い、快楽の声をあげている。邪魔にならないようにゆっくり歩き続けて、ジャングルを探検した。いったい何組の乱痴気騒ぎを見たかわからない。誰も人の目を意識しないので、私が立ち止まって眺めていても気にもとめない。三人の女性がSMプレイに熱中する傍らで、四人の男女が組んずほぐれつ交わっている。迷路の最終地点には、十字架こそないが、キリスト教風の祭壇に見えるものがしつらえてあり、そのすぐ脇で男女が身体をむさぼり合っていた。

熱気がこもるジャングルを抜け出ると、外は夕闇だった。そろそろ三日目も終わろうとしていた。その晩はサイレント・スペースで朝までパーティーが行われた。ひときわまばゆい放埒（ほうらつ）があった。明るさとエロスのダイナミズムに、もう戸惑いはしなかった。欲望の場面で現れる生々しい身体が、最初から最後まで私の周りに転がっていた。

このフェスティバルでは、もはやセックスは「みんなのもの」になっているか、それとも、個々人の身体が多数の人々によってわかち合われるものになっているのかもしれなかった。それは、私が慣れ親しんできた淫靡さや、私が経験してきたセックス、それにズーたちのセックスとも異なるものだ。この場所ではセックスを通した親密さが拡大し、人々に行き渡っていく。それはズーとはまた違った方法で、セックスを再考させた。

ナチスへの反動

エクスプロア・ベルリンのような試みは日本ではまず成立しないと思われる。おそらく、公然わいせつ罪が適用されるのではないだろうか。セックスのあり方は法律と深くかかわり、そのために国によってさまざまな違いが生まれる。わかりやすいのは売春だ。ドイツでは売春は合法で、セックス・ワーカーが職業として認められているが、日本では建前上は非合法となっている。セックスは普遍的な行為にもかかわらず、世界中で政治による介入がある不思議な営為だ。

エクスプロア・ベルリンは、日本では耳慣れない「セックス・ポジティブ・ムーブメント」という社会運動の文脈のなかで説明することができる。「セックス・ポジティブネス」とは、セックスを健康的で自然なものと肯定的に捉えることで、社会規範や宗教規範によって植え付けられてきた性への忌避感や罪悪感を払拭しようとする概念だ。ジャングルの迷路の果てにあった祭壇のパロディと、その脇で快楽に溺れる男女の姿は、セックス・ポジティブネスの実践の象徴的な光景として私の脳裏に焼き付いた。

セックス・ポジティブ・ムーブメントは、一九六〇年代に西欧社会において連鎖的に起きた性革命に由来する。旧西ドイツで性革命が起きたのは一九六〇年代半ばだ。歴史学者のダグマー・ヘルツォークは、『セックスとナチズムの記憶――20世紀ドイツにおける性の政治化』で、ドイツにおける性意識の変遷を明らかにしている。本書によれば、当時の西ドイツでは、性の解放が社会的・政治的正義を促進するという考え方が反体制運動と結びついて拡大し、「セックスの波」と呼ばれる極端な性の自由化を謳う現象が起きた。ポルノ写真が市場に溢れ、ヌードも婚前交渉も不倫も擁護された。当時の西ドイツは世界でも有数の性に開放的な国で、ベルリンには乱交を理想として掲げた「第一コミューン」なるアナーキスト左派さえ存在したという。ヘルツォークによれば「第三帝国期はとびぬけて性抑圧的な時代であって、セクシュアリティを解放することは反ファシストとしての義務であるという議論が当時、席巻(せっけん)していた」という。

ナチスは、同性愛者の男性を拷問、殺害し、売春婦を投獄した。その一方で、「アーリア人」の結婚や出産を推奨する。ナチスが行ったのは、正しいセックスとは、健全な異性愛者のアーリア人によって出産を目的として行われるもの、という規範づくりだといえるだろう。

ナチスの性政策への反省と反動が、六〇年代半ばの性革命を支えていた。人種や性別、性的指向などにかかわらず、誰もがセックスを自らの手に取り戻すことは、市民の政治そのものだった。

それから半世紀がたったいまなお、ベルリンにはこうしてセックス・ポジティブ・ムーブメントの継続が見られる。エクスプロア・ベルリンで知り合ったジャーナリストのスイス人男性は私に言った。

「ドイツは、いや、ベルリンはクレイジーだよ。きみはこのフェスティバルで十分驚いているみたいだけど、街に行けば乱交なんて当たり前のクラブだってあるし。このフェスよりも、はっきり言って過激だよ。この街でしか味わえないことがあるから、僕は月に一度はベルリンに遊びに来る」

ベルリンの「クレイジーさ」とは、抑圧に抵抗するために、また、政治によって傷つけられたセックスを解放するために必要とされるものなのではないだろうか。エクスプロア・ベルリンについていえば、たとえば「セックスとは限られた間柄でするもの」という社会規範に対し、身をもって抵抗する社会運動だと受け止めることさえできる。

性の抑圧

ドイツは、同性愛擁護運動がヨーロッパでもっとも早い時期に起きた地域だ。その歴史は一八六〇年代に遡る。

当時、ドイツ語圏ではヴィルヘルム一世が一八六一年にプロイセン国王に即位し、軍国主義政策を進めていた。普仏戦争に勝利してドイツを統一、ヴィルヘルム一世は一八七一年にドイツ帝国を樹立して初代の皇帝となった。

ドイツ統一と帝国樹立にあたって、男性同性愛者たちは困っていた。というのも、プロイセン王国には男性同士の性行為を禁じる「プロイセン刑法百四十三条」が存在していたからだ。ドイツが統一されると、これまではお咎めなしだった地域にもこの法律が適用される恐れが出てくる。その不安から、男性同性愛の当事者たちによって同性愛擁護運動が始まった。その運動の中心となった人物には、「同性愛（Homosexualität）」という言葉の生みの親であるジャーナリストのカール・マリーア・ケルトベニーなどがいる。

彼らはプロイセン刑法百四十三条の継続に抗議する運動を行ったが、ドイツ帝国はこの法律を引き継ぐかたちで帝国刑法百七十五条を一八七一年に制定した。その内容は「男性同士の間で、または人間と動物の間で行われた自然に反するわいせつ行為は、禁固刑によって罰する。また、公民権喪失を宣告されることもある」というものだ。

同性愛擁護運動はその後も連綿と続いていくのだが、刑法百七十五条は政権や政体が変わっても長々と存続した。一九二〇年代ごろのワイマール期には、性科学者のマグヌス・ヒルシュフェルトが中心となり運動を展開していた。ヒルシュフェルトは一九一九年、私財を投じてベルリンに「性科学研究所」を創設。研究所には他に類を見ないほどの充実した性科学の蔵書と、性相談所があったという。ヒルシュフェルトによる同性愛擁護運動は、当時、数十万の支持者がいたというから、ずいぶん盛り上がっていたはずだ。しかし、続くナチス政権でも、やはり刑法百七十五条は引き継がれた。そしてナチスは、同性愛者を強制収容所に収監し、殺害した。ヒルシュフェルトの研究所も弾圧され、運動は下火になってしまった。

驚くべきことに、刑法百七十五条は第二次世界大戦後もまだドイツに存在していた。一九六〇年代半ばからようやく廃止論が一般的になったとはいえ、ドイツ全土で撤廃されたのは二十世紀も末になった一九九四年のことだ。ドイツは性に対する法の規制に対して早くから知識人や当事者たちが反応し、組織立って運動を展開した国であるにもかかわらず、なんとも長い間、法の抑圧から逃れられなかった。

これほど執拗に性に対する抑圧が続いたのはなぜだろう。

そもそも、男性同士の性行為や人間と動物との性行為を「自然に反するわいせつ行為」として罰するのは、ヨーロッパでは中世から当たり前に行われてきたことで、その背景にはキリスト教によるセックスの規範がある。

前述したように、『旧約聖書』レビ記十八章では、「忌むべき風習」として、近親相姦、月経中の女性との性交、姦通、男性同性愛、そして動物との性行為などを禁じている。これらの性行為はタブーとされ、見つかれば死刑にされることもあった。

中世に始まる、特定の性行為を取り締まり、性を規範化する法律をソドミー法という。ソドミーという言葉の語源は、『旧約聖書』に登場する背徳の町「ソドム」に由来する。人々が淫らな行いにふけり、肉欲に溺れて乱れたために、ソドムの町は神によって硫黄と火で焼き払われ、滅亡したとされる。

精子の無駄遣いを禁じ、「産めよ、増えよ、地に満ちて、これを従わせよ」と人間に説く聖書が、同性愛や動物との性行為を禁じるのはある意味で当然だ。生物学者であるミダス・デッケルスの著書『愛しのペット——獣姦の博物誌』によれば、十六世紀から十八世紀にかけては、盛んに獣姦裁判が行われていた記録があるという。

たとえば一五五五年のフランスでは、メスのろばとセックスしたかどで被告人が死刑になった。その刑の執行方法がすさまじい。被告人は公衆の面前で広場に吊され、セックスの相手になったろばを目の前で焼かれたあと、本人も絞首刑にされる。その後、火中に投げ込まれたという。絞首刑のあとに火あぶりにするという念の入れようで、言ってみれば二回、死刑に処されているようなものだ。

ヨーロッパでは、古代ギリシア・ローマからあった身体刑が十八世紀まで続き、死刑はたいてい公衆の面前で行われていたし、重大な罪を犯した者は当然のように火あぶりや四つ裂きにされていたことを、ミシェル・フーコーは『監獄の誕生——監視と処罰』で明らかにしている。この獣姦裁判についても、特にこの被告人だけがひどい死刑の執行をされたわけではなく、これが普通だった可能性もある。

刑の執行を見る人々は、いったいどのような気持ちだっただろうか。恐怖を植え付けられるとともに、目の前で繰り広げられる血と炎のスペクタクルに興奮し、被告人を思う存分嘲笑い、なじったのではなかろうか。繰り返される見世物としての死刑が、人々の常識や社会規範の形成に大いに貢献したことは疑うべくもない。動物との性行為は現在も忌避されるが、その背後にはこのような歴史的経緯もあるだろう。

第二次世界大戦後、ドイツ国内でソドミー法である刑法百七十五条の適用範囲が次第に縮小されるなか、動物との性行為に関しては変化が起きた。法の完全撤廃に先んじて、旧西ドイツでは、一九六九年の法改正時に禁止項目から削除されたのだ。

動物に対し性的欲望を抱える人々は、このときいったん法の規制から解放された。しかし、二〇一三年にまたも状況が変わる。第一章で触れた通り、この年、ドイツでは動物保護法に新項目が追加された。それは、条件付きで動物との性行為を禁じるという内容だった。

ズーは合法か

ドイツは動物保護先進国といわれる。「ティアハイム（Tierheim）」と呼ばれる動物保護施設がドイツ全土に千四百以上あり、捨てられた動物たちを引き取り、世話をしている。ティアハイムの活動により、ドイツでは犬や猫の殺処分は原則行われていない。

ズー・レズビアンのバルバラは、地元のティアハイムに勤めている。私は彼女の案内で施設内を見学することができた。犬、猫、鸚鵡（おうむ）、その他の鳥などがそこにはいた。犬は二十頭以上いたが、それぞれに独立した犬舎を与えられている。そのティアハイムの犬舎は少なくとも縦に三メートル程度、横に一・五メートル程度の広さがあり、犬にストレスがないよう配慮されていた。

私が訪れたのはティアハイムが主催するチャリティイベントの日で、地元から大勢の人々がやってきて、バザーを楽しみつつ犬や猫たちを見ていた。ドイツには犬や猫を生体販売するペットショップがほとんどなく、犬が欲しい人は直接ブリーダーとやりとりするか、ティアハイムで見つけることが多い。ゼータのメンバーの大半も、ティアハイムで犬を引き取り、パートナーとしている。

このようにドイツでは、身近な動物と人々の共生のための環境が整っている。そして、それを後押しするのが動物保護法だ。

ドイツにおける動物保護法の歴史は長い。十九世紀に、ザクセン、バイエルン、プロイセンなどの領邦国家で動物虐待罪が規定されたのがその嚆矢とされる。一八七一年には、ドイツ帝国における帝国刑法でも動物虐待罪が規定された。その後、ナチス政権下の一九三三年に体系的な動物保護法「ライヒ動物保護法」が制定される。

ナチスと動物保護法についてはアメリカの作家、ボリア・サックスによる著書『ナチスと動物――ペット・スケープゴート・ホロコースト』に詳しい。本書によれば、ライヒ動物保護法はとことん動物の苦痛の回避に注力していたという。人に飼い慣らされた動物を野生に放つこと、動物を公共の娯楽で使うこと、競馬、闘鶏、闘牛で目隠しを使うこと、犬の耳を切り取ることなどが、禁止事項として定められている。ライヒ動物保護法の第一条第一項には「動物を不必要に苛めたり手荒く虐待することを禁ずる」とある。これに違反すると最高で二年の懲役刑と罰金刑が科された。ナチスはこの法律の序文で、動物は人間のためではなく「それ自体のために」保護されると記している。

ユダヤ人や同性愛者を大量虐殺したナチスが、一方では動物保護に熱心だったという事実は意外に思えるかもしれない。しかし、ここにはひとつ、からくりがある。

ライヒ動物保護法の施行に先立ち、ナチスは動物の食肉処理に関する法律を議決している。その内容は、処理にあたって動物に麻酔をかけるか気絶させることを定めるというものだ。ユダヤ教では特定の動物を食用に供するため、宗教的な食肉処理を行う。コーシャという食の規定に従って、痛みの少ない方法で食肉用動物の喉を刺すのが伝統的な決まりで、動物を殺す前に気絶させてはいけないとされている。サックスによれば、ナチスはこの法律を用いてユダヤ人を抑圧しようとした。

ナチスは動物保護法では動物に行き届いた配慮をする。輸送時には清潔な車両を使って、動物に十分な食料を与えることなどを定める。その一方で、ユダヤ人に対しては残虐だ。トラックや列車に彼らを過密状態にして乗せ、収容所送りにして虐殺するのだから。ここにナチスの欺瞞と悪を見出せる。

しかし、ナチスによるライヒ動物保護法は、当時として世界的に見てももっとも厳しく体系立った動物保護法だったという。そして、確かに動物の地位を向上させる側面があった。そのため、ライヒ動物保護法はその後のドイツの動物保護法の土台となり、一九七二年に公布された動物保護法にもほぼ受け継がれた。現行のドイツの動物保護法は、これに何度か大きな改正が加えられたものだ。

一九八六年の改正では、動物を人間と同じ被造物であり、痛みを感じるいきものであると規定した。動物を人間の同胞として表現しているところに特徴がある。ドイツでは、動物はモノではなく人間と同じくいきものとして扱われている。

ゼータの人々もまた動物保護の観点に立つ。動物虐待を防ぐためにも、整備された動物保護法は必要だと考えている。しかし、二〇一三年に追加された新項目、動物保護法第三条第十三項は、ズーたちにとって大問題だった。というのも、その内容は「動物を人間の個人的な性行動に利用すること、他人の性行動のために訓練すること、所有する動物を他人が利用するのを許すことにより、動物に種として不適切な態度を強いることを禁じる」というものだったからだ。

ズーたちのあいだでは、法改正前から不安が広がっていた。「これはズー禁止法なのか？」「でも、われわれはセックスの訓練はしないじゃないか。これはズーには当てはまらない」。このような議論を経てゼータは発足し、この法律に異議を唱える活動を展開していった。

そして二〇一五年、当時ゼータに所属していたあるメンバーたちが、「動物保護法第三条第十三項は動物性愛を不当に禁止するもので、動物性愛者の性的自己決定権を阻害するものだ」としてドイツの連邦憲法裁判所に異議申し立てを行って、斥けられた。棄却の理由をおおよそまとめると、「第三条第十三項は、動物に種として不適切な態度を強いた際にのみ適用されるものであり、したがって、審判請求人による異議申し立て内容は本項目に当てはまらない」というものだ。つまり、これは動物に「種として不適切な態度」を強いなければ、動物とのセックスは問題視されないとも解釈できる。言い換えれば、「動物保護法第三条第十三項は、人々の性的自己決定権を阻害しない」と連邦憲法裁判所は判断したと理解できるのだ。

連邦憲法裁判所のこの判断は興味深い。ナチスの性政策への激しい反省から、セクシュアリティに対する差別はドイツでは非常に繊細な問題となる。だからこそ、ゼータの元メンバーからの「セクシュアリティの自己決定権」に重きを置いた異議申し立てに対し、このような回避の仕方を取ったのではないだろうか。ゼータはこの司法判断をもとに、動物性愛者と動物との性行為はドイツでは原則禁じられていないとしている。この一連のできごとは、ゼータ創立以来の最大の活動功績としてメンバーに記憶されている。

私の周りに現れたのがズー・ゲイのパッシブ・パートばかりだったのは、この新項目の影響が大きいと考えられる。彼らは、オス犬の性の欲求を受け止めるとともに、性的なケアを行う立場であると主張でき、それならば虐待行為には当たらないと考えられるからだ。

ゼータには、動物の肛門に自身のペニスを挿入すると言った人はひとりもいない。これは、このような行為は「種として不適切な態度」を動物に強いる行為だと受け取られるからだろう。

アクティブ・パートのディルクは、「メスの犬も半年くらいかけて慣らしていけば、人間とセックスできるようになると思う」と話した。これを「動物を人間の個人的な性行動に利用すること」ととれば、動物保護法違反だ。また、ディルクはパートナーを持っていないので、セックスの経験は「友達のズーのパートナーの犬」としたという。このディルクの友人の行為は「所有する動物を他人が利用するのを許すこと」に当てはまりかねない。アクティブ・パートの面々がパッシブ・パートに比べ警戒心が強いのも、この法律の影響が大きいのだろう。

動物保護法は人間の性的指向の抑圧には関与しないとはいえ、ズーのセックスのあり方や、ズーのセックスの語り方に明らかに影響を与えている。ドイツのズーたちによる、彼らのセックスにまつわる言説は、法律と絡まり合いながら生成されつつある状況だ。

タブーの裏返し

ところで、日本における動物との性行為をめぐる状況はどうなっているのだろうか。人間のセクシュアリティへの態度にしても、動物の立場や人間とのかかわり方についても、日本の環境はドイツとずいぶん異なっている。

まず、セックスに関しては、宗教規範を基盤としたソドミー法が施行された歴史は日本には基本的にない。戦国時代にも江戸時代にも男性同性愛が受け入れられていたのは、日本の性愛の文化の特徴のひとつだ。非異性愛のセクシュアリティに対して、日本はキリスト教圏などに比べればよほどおおらかであり続けた。

　動物との性行為を禁じる法律も、日本には存在しない。だから動物性愛も獣姦も、違法ではないし合法でもない。実は、これは世界的に見ると非常に珍しい。法律で禁じられていない地域のほうが少ないからだ。ヨーロッパ諸国に限っても、二〇〇〇年代以降、動物保護法のなかで次々に禁止された。たとえばフランス、ベルギー、ノルウェー、オランダ、デンマークは、それぞれ二〇〇四年、二〇〇七年、二〇〇八年、二〇一〇年、二〇一五年にこれを違法と定めている。

　日本には動物との性行為を禁じる法律はないと話すと、ドイツの人々には驚かれた。「じゃあ、偏見もないの?」とも尋ねられる。「いや、偏見はあるよ。普通の行為ではないとはやっぱり思われている。病気じゃないの？　という反応が多いかな」と私はよく答えていた。

　しかし、日本にも動物との性行為への罪悪感は古代からあった。

『古事記』には、動物との性行為に関して興味深い箇所がある。中巻（なかつまき）の仲哀（ちゅうあい）天皇の段だ。仲哀天皇は、琴を弾いている最中（さなか）に崩御する。その死を神の怒りに触れたからだと周囲はおののき恐れる。そこで、殯（もがり）では穢（けが）れを払うための品々を国中から取り寄せて大（おお）

祓（はらえ）をし、神の怒りを鎮めた。そのとき浄（きよ）めた罪のリストが、「獣の皮を生きたまま剝ぐこと」「獣の皮を逆さに剝ぐこと」「田の畔（あぜ）を壊すこと」「田に水を引く溝を埋めること」「神聖な場所で大便をすること」「親子間の近親相姦」「馬、牛、鶏、犬との性行為」となっている。『旧約聖書』レビ記十八章の記述とはずいぶん趣が異なっていて、農耕の妨害や脱糞がなぜか性規範と併記されているのが独特だ。ともあれ、古代日本でも動物との性行為がタブーだったことはこの段を読めばわかる。

『旧約聖書』や『古事記』だけでなく、ユダヤ教の律法もヒッタイトの規範も、獣姦に対する禁止を含む。日本は別として、世界のさまざまな地域でこれに違反すれば死刑にされることも多かった。このような禁忌が地域や文化を超えて存在するのは、世界中で動物との性行為が大昔から行われていたことの裏返しでもあるといえる。

　獣姦と呼び習わされてきたこの行為の痕跡は、遡れば先史時代に見つけることさえでき、一説によれば、いまから四万年から二万五千年前には行われていたといわれている。スウェーデンのボヒュスレンには、男性が大型の四足動物にペニスを挿入する青銅器時代の岩絵が残されているし、イタリアのヴァル・カモニカには、男性がろばと思われる動物にペニスを挿入している場面を描いた鉄器時代の岩絵がある。有史以前に動物と出会い接近して以来、人間にとって動物は、狩猟し飼い慣らし使役する対象であっただけではなく、性的な存在でもあったのかもしれないことを、これらの歴史的遺物は示唆している。

人間と動物の性的な交わりは、大昔にはそれほど珍しい行為ではなかったはずだ。人間と動物の距離は、いまよりもずっと近かったのではないだろうか。だが、さまざまな戒律や規範によって、動物とのセックスは軽蔑され禁止される行為と見なされていった。宗教規範を強く意識することが少なくなった現代でも、その感覚自体は変わらない。

実際、ドイツでも日本でも、私が取り組んでいる内容を話せば大抵、妙な反応を引き起こす。驚かれるのはまだいい。拒絶、からかい、下品な冗談。ズーたちのことを「異常者」「変態」と臆さず言った人もいる。「動物虐待だ」と怒る動物愛護家も、もちろんいた。「動物なんかとセックスするなんて気持ち悪い！」と顔をしかめる人もいた。

繰り返し私に投げかけられたこの類いの言葉は、私たち人間が動物との境界を所与のものとして設け、動物に対しさまざまなイメージをまとわせながら、その意味を問わないまま放置している状態を示しているように私には思える。

人間は動物たちに対し、その種、あるいはその種が属す集団としてあるべきあり方を要請している。たとえば、食用家畜は人間の食という目的を、ペットは人間に無限の愛を与えるという目的を要請される。それは人間という種においても同様で、人間は人間としてあるべきあり方を、数々の禁止事項を用いて規定する。宗教規範に見られる動物との性行為の禁止もまた、人間を「人間」たらしめるための規則のひとつだ。そしてセックスというものは、人間の誕生と種の存続に直接的にかかわるものだからこそ、法律や規範や常識に常に介入される。

人間は動物との間に設けてきた境界を隔てて、「人」というカテゴリーを生きている。人間と動物のセックスは、その境界を攪乱（かくらん）する。ズーたちが提起しているのは、セックスとはなにかという問いだけではなく、人間とはなにかという問いでもある。

第五章　わかち合われる秘密

ズーになるという選択

ドイツに滞在した計四カ月の間、私は十一の都市を巡り、多くのズーたちに出会った。ズーからズーへと、彼らのネットワークを借りて、私は交流範囲を広げていった。前述したように、ゼータに所属するズーたちは圧倒的に男性が多い。旅の半ばを過ぎても、バルバラを除いて、女性のズーには出会えていなかった。男性たちの話に偏るばかりでは全体像を摑むことはできないと、私は焦りを感じていた。さらにいえば、私自身が女性であることも関係している。男性の性欲については想像することしかできないが、女性のことなら実感を伴って理解できる部分もあるだろう。だからなおさら、私は女性のズーたちの本音をもっと聞きたかった。

しかし、女性のズーに接触するのは、アクティブ・パートの人々やホース・ピープルに会うのと同じくらいか、それ以上に難しい。それは、アクティブ・パートのような「セックスの語りにくさ」が理由というよりも、むしろ女性であることそのものに由来する。

日本のアダルトサイトにアクセスしたとき、卑猥なメールが殺到したが、それとまったく同じことがドイツでも起きる。情報収集を目的としてオンライン・コミュニティに書き込んだとしても、女性であることが知られようものなら、「女性に犬とセックスをさせたがるビースティの男性」や「乱交目的で人探しをしているビースティ」などからの連絡がひっきりなしに届く。それがたとえ匿名のコミュニティであれ、女性にとってこの状況は警戒心を強める。そのため、女性のズーはなかなか表に出てこない。

ズーには男性のほうがもともと多いのかというと、おそらくそうではないだろう。

「女性のズーも男性と同じか、もしかしたらそれ以上にいるという実感がある。けれども、姿を現しにくいんだよ」という意見を何度も聞いてきた。最終的に私が出会ったズー二十二人のうち、女性はたった三人だが、セクシュアリティに男女差がここまであるというのは疑わしい。女性のズーの見かけ上の人数が少ないのは、カミングアウトによる煩わしさや危険性が男性よりもさらに高いからではないだろうか。

「どうすれば女性の話が聞けるだろう」と嘆く私に、ミヒャエルはある女性を紹介してくれた。五十代前半のロンヤという。

ロンヤは、ズーであることをゼータの人々にしか知らせていない。ゼータで表立って活動するメンバーではないので、ミヒャエルから紹介されるまで私は彼女の存在を知らなかった。

ミヒャエルからもらったロンヤのメールアドレスに、私はさっそく連絡した。だが、彼女ははじめ乗り気ではなかった。見知らぬ日本人がセックスの話を聞かせて欲しい、しかも家に泊まらせて欲しいなどと言ってくるのだから、怖じ気づくのも理解できる。しかしメールのやりとりをするうちに彼女の様子は変わり、会ってもいいと言ってくれた。

ロンヤは、私にとって印象深い人物だ。ミヒャエルをはじめとする大多数のズーたちは「生まれながらに自分はズーだ」と言った。しかし彼女は違った。彼女は、自ら考え抜いて「ズーになることを選んだ」人物だった。

この事実は、私にはとても重要だ。このような人々の存在は、ズーではない人間とズーたちとの間を埋めるヒントになるのではないかと感じたからだ。知る限り、ズーになっていく人々がいることが書かれた文献は見当たらない。私はその後、ロンヤだけではなく、何人かのズーになっていく人々に出会い、なにが彼らを「ズーにしていく」のかと考えていった。

二〇一七年の夏のある日、私たちは駅で待ち合わせをした。私はバックパックを背負った日本人、彼女は犬を連れた車椅子の女性だったから、ひと目で互いをわかった。ロンヤは、にこやかに手を振った。車椅子の隣で、黒い短毛のオスの犬が機嫌よさげにおすわりしている。雑種で、名前をアヌークという。あと数日で一歳になる介助犬見習いだ。アヌークにつけられたリードには、目立つところに「トレーニング中」という文言が入っている。電車を乗り継ぎロンヤの家へと向かう間も、アヌークは行儀良く過ごした。

ロンヤは、明るく冗談がうまくてよく笑い、親切なうえに物怖じせず、ものごとをはっきり言う。社交的で、周囲の人々とも積極的にかかわる。彼女の家に着いた晩、階下に住む女性が訪ねてきて、「日本から来たんでしょう？　楽しんでね！」とワインの差し入れをしてくれた。人嫌いの気配を漂わせるミヒャエルとは大違いで、ロンヤは人付き合いを重視し、周りからも慕われている。

ワインをありがたく頂戴して、私たちは最初の晩から話し込んだ。ロンヤのセクシュアリティについて。私の過去の経験、セックスへのトラウマ、愛への不信について。日付が変わるころにはすでに、お互いの秘密を数多く共有するようになっていた。初めて会ったのに気が合って、私たちは何度も乾杯した。

ロンヤは、人間に対してはレズビアンだ。彼女は、こんなふうに自分を説明する。

「私は本来的にはバイセクシュアルだと思う。男性とも女性ともセックスをしてきたし、男性を愛したこともある。愛されたこともね。でも私はいつからか、女性を愛することに決めたの。男性とのセックスで、私は快感を得るための道具として男性を扱っているのではないかと、あるころから懐疑的になってしまったから。男性が、性欲の発散のために女性をセックス・トイのように扱うことがあるでしょう。あれって最低よね。マスターベーションの延長だもの。私は、自分がそんな男たちと同じ種類の人間に成り下がるのは嫌だったの。それに、どういうわけか、私はセックスでは女性に対して受け身になる。男性に対しては攻めの側に回るのに。女性を愛する女性になったのには、そういう理由もある」

彼女は男性と向き合って、自分の中の暴力性に気づいたのかもしれない。ことセックスにおいてペニスに焦点が定められ、そこに暴力性を見出す視点があることは前に述べた。だが、そもそもペニスを持たない女性も、暴力的にならないわけでは決してない。ロンヤが言うように、女性も男性をセックス・トイのように扱うことはできるし、レイプさえも可能だろう。ペニスを無理やりに刺激すれば、勃起させることは容易なのだから。男性の身体も、心と常に一致するものではない。そして、暴力性は性器の形状には由来しない。

ロンヤは、セックスの場面でそれを痛感した。セックスにおける役割や立ち回りが、それを明確にしたようだ。そして彼女はその立場を降りることを選び、「レズビアンになる」ことを決めた。このときも、彼女は自分でセクシュアリティを選択している。いまから二十年以上も前のことだ。

ロンヤがズーを知ったのは、わずか二年前だという。きっかけは、ズー・レズビアンのバルバラとの出会いだった。ふたりはとある動物保護についてのオンライン・フォーラムで出会った。意見を交わすうちに親しくなり、そのうちロンヤはバルバラの家に長期滞在をするほど仲良くなったそうだ。バルバラは、かつてゼータのアンチ活動を行っていた。そのことからもわかるように、バルバラも生まれながらのズーではない。共通事項がもともと多いはずのふたりだが、それでもバルバラはなかなかロンヤにゼータのメンバーであることも、ズーであることも打ち明けなかったという。

「この社会ではズーであることってイメージが悪いし、偏見にさらされるから、なかなか言えないのは無理もないわよ。だから彼女の秘密を知ったのは、知り合って一年以上たってからよ」

そうロンヤは言う。

バルバラはある日、数時間のドライブをしてわざわざロンヤ宅にやってきた。いつもと違って思い詰めた様子だったという。そして真剣な様子で、ズーであることをロンヤにカミングアウトした。そのとき、ロンヤは動物性愛という言葉自体を知らなかった。ズーとビースティの区別もつかない。そんな彼女に、バルバラは丁寧にズーとはなにかを説明した。

「私はすでにバルバラの家に何度も行って、彼女とパートナーのルナの様子もよく知っていた。普通の飼い主と犬との関係とは、なんだかちょっと違うなと感じていたの。普通よりも距離が近いのよ。それにバルバラはルナに本気で恋をしていて、とにかく夢中。もちろんルナのほうもよ。だから、彼女がズーだってことは納得できた」

と、ロンヤは回想する。

バルバラのカミングアウトを受けて、ロンヤは自分自身と動物の関係を振り返り始めた。幼いころから身近に動物がいた。動物が大好きで、なかでも犬は特別な存在だという。三十年前に飼っていたオスの犬のことは、いまでも忘れられないと彼女は話す。

「私は彼のことを深く愛していたわ。その気持ちは、現在のパートナーのアヌークへの愛と同じ。違いは、その犬とはセックスをするという発想なんてなかったということだけ。それは単純に、私がズーってものを知らなかったからでしょうね」

ロンヤはそう言って、何かを思い出して笑った。

「急に子どものころのことが蘇(よみがえ)ってきたわ。六歳くらいだったかな」

彼女は、私にあるエピソードを話してくれた。ある日、彼女は庭で友達と遊んでいた。どういういきさつか、ねずみを殺してしまったという。幼かったロンヤはとても悲しく、怖くなった。夜になって耐えられなくなり、警察に電話をしたそうだ。

「もしもし、警察ですか。私を逮捕してください。今日、ねずみを殺しました」

電話のあるリビングには両親がいて、驚いて飛んできた。

「逮捕されないし、大丈夫だからって両親は言ったわ。人間はダメでもねずみは殺してもいいのだと、私にわからせるのに相当苦労したでしょうね。昔から私にとって動物はパーソンなの。だからねずみも人も、殺すのは同じように悪いことだと思っていた」

やはりロンヤも「パーソン」という言葉を使った。彼女にとって、幼いころから動物は人間と対等な存在だったということだろう。ズーではなかったころから、彼女はその感覚を自然に備えていたようだ。

「そんなふうに動物と接してきたものだから、ズーを理解するのは、私にはそんなに難しくなかった。けれど、自分もそうだとか、そうなろうと思うまでには、時間がかかったわ。だって動物に対して性的な欲望を感じたことも、性的な魅力を感じたこともないもの」

ロンヤは「ズーであること」について一年以上かけて考えたという。じっくり考え続けられた理由のひとつは、バルバラへの友情だ。そしてもうひとつは、バルバラからカミングアウトがあったころ、ちょうど自分も犬を飼いたいと思い始めていたからでもある。

身体にさまざまなトラブルを抱える彼女は、数年前から車椅子生活になった。日に日に行動範囲が狭まっていくことがストレスになっていった。犬を好きな彼女が介助犬を飼おうと思いつくのは、自然なことだった。そんな折に、ズーというセクシュアリティを知る。彼女は人間と犬がともに生きることについて、思いもしなかった視点から熟考せざるを得なくなった。

「考えに考えて、迷いに迷って、私はついに決めたの。次に犬を飼うならば、ズーになろうって。動物の生をまるごと受け止めるには、性のことは無視できないでしょう。ズーの話を聞いて、そのことに気づかされてしまった。私たち人間は、これまで動物の性を知らなすぎたと私はいまでは思うわ。なぜこの点にだけ、いままで私は鈍感だったんだろう？　動物には性がないかのように私は長年ふるまってきたわ。思い至らなかったの、単純に。でもそれって、動物に対して本当の意味でちゃんと接しているっていえるかしら」

ロンヤがズーを理解した過程は、私が辿ったそれと酷似している。私もかつて飼い犬の性的な側面に気づかなかった。ズーたちと話すようになって初めて、動物にも性的な欲望があることを意識するようになった。長い間、動物の性欲など、問題に思ったことさえなかった。

ロンヤはその後、とある動物保護施設でアヌークを知り、引き取ることになった。アヌークはロンヤにとって初めてのパートナーだ。夜が更けて、アヌークはすうすう寝息を立てていた。その様子を眺め、「すべてが愛おしい」とロンヤは呟く。

障害を持つこと

この晩から十一日間、私はロンヤの家に滞在した。私たちは毎日アヌークを連れて公園に出かけた。ロンヤの生活はまったくアヌーク中心に回る。早朝、昼、夕、夜と日に四回の散歩に行く。その距離はときに合計一五キロメートル以上に及んだ。夕方の散歩は特に大事で、決まってドッグランに向かう。

毎日ドッグランに通ってみたところ、多いときには二十人以上の飼い主と、二十頭以上の犬たちが集まっていた。人々はビールを飲んだり煙草(タバコ)を吸ったり、思い思いにくつろぎながら語り合い、犬たちと遊ぶ。フリスビーを投げればそこら中の犬が走り寄り、みんなで追いかけて競走する。もしも犬が危険なことや行儀の悪いことをしでかしたら、誰の犬であろうと関係なく叱る。皆で犬を育て、人間と犬がともに遊ぶ空間をつくっている。

ロンヤとアヌークがドッグランに滞在する時間は、長ければ四時間にもなる。他の人々も、二時間以上留まることはざらだ。近辺の愛犬家の日常生活のハイライトがここでの遊びだ。アヌークを飼い始めてからできたドッグランの仲間たちは、いまのロンヤにとって大切なコミュニティになっている。アヌークの出現は、彼女に新しい人間関係をもたらした。

アヌークが来るまで、ロンヤは毎日パソコンにかじりつく日々を送っていたという。家から出ようとする気も起きず、鬱々としていた。しかしいまでは、すべてがよい方向に変わったとロンヤは言う。

「私はいま、人生を取り戻しているのよ」

アヌークは普段、聞き分けがいいが、ドッグランに近づくときだけは我慢が難しい。思わず歩調が速くなり、車椅子に結ばれたリードを引っ張るように歩いてしまう。いくらロンヤが「アヌーク！　ラングザム（ゆっくり）！」と繰り返しても、ずんずん進む。ちょうどそのとき、孫と思われる小さい男の子を連れた老年の男性とすれ違った。老人は少年に言った。

「おや、見てごらん。えらい犬だねえ。車椅子を引っ張っているよ」

和やかな描写をしたつもりなのだろう、老人は微笑んでいた。ロンヤはむっとするのを隠さずに、即座に彼に言い放つ。

「いいえ、この犬は私を引っ張っていません。私と一緒に歩いているんです！」

ロンヤの怒りに老人は狼狽し、少年の手を引き寄せた。彼らが背後に消えると彼女は呟いた。

「失礼な人ね！　でも確かに私ももうちょっと、アヌークのペースをコントロールできるくらいには腕力をつけなくちゃね」

　ロンヤにとってアヌークはパートナーで、介助犬ではあっても犬ぞりを引く犬のような使役犬ではない。

「それでも、私は八キログラムも痩せたのよ！　毎日彼と散歩して、筋肉がすごくついたの！　主に腕だけど」

　彼女は、よほど腹が立ったのだろう。憤慨して私にそう説明した。アヌークとともにいることで、彼女の身体にも変化が訪れている。

　ドッグランに着くと、ロンヤはアヌークのリードをほどく。アヌークは友達を見つけて駆け回る。ロンヤと私は誰かがおごってくれたビールをちびちびやって、遊ぶ犬たちを見ていた。

　ロンヤと雑談していると、よく話題になるのが男性の性欲についてだった。私たちは、男性のことがよくわからないという感覚を共有していた。ロンヤは言った。

「男と女の間には、埋めようのない溝があるわよ。私にとってセックスは関係性の問題なのだけど、多くの男性にとっては生理現象の延長でしかないのかもしれないと感じる」

「ねえ。どうして、男性ってこんなにわかりにくいのかな？」

　そう私が尋ねると、彼女は即座にこう答えた。

「そりゃ、神が男で、自分に似せて男を作ったからよ」

痛烈な冗談に私は吹き出した。「オー・マイ・ゴッド」というフレーズが、このときほど自然に私の口をついて出たことはない。ロンヤはにやりと笑って頷いた。

「そうよ。実に、オー・マイ・ゴッドよ！」

そんな話をしていたら、近くでカラスが鳴いた。

「ああ、私のお気に入りの子だわ」

ロンヤの言葉につられて空を見上げるが、その姿は見当たらなかった。

「あの子は声がちょっと変なの。きっと声帯がおかしいのよ。だから、いつもひとりぼっちなの。どこにいるのかしらね。スペシャルな子なのよ、彼女は」

もう一度、鳴き声がした。言われてみれば確かにその声は調子が狂っているのだった。

「そういえば、私はあの子が彼女か彼かは知らないんだったわ。まったくもう」

ロンヤは笑った。彼女が自然を好きなこと、観察力に優れていること、そしてカラスにさえ、なにがしかのパーソナリティを見出していることを私は知った。それから、隠しきれない男性嫌いの側面がカラスの人称代名詞に表れて、それをやや反省しているらしいことも。そして、彼女がこのカラスに心を寄せてしまうのは、自分の障害と無縁ではないだろう。

ロンヤは、医師からはそのうち車椅子生活になるだろうと早々に宣告されていた。彼女は身体に気を配り、スポーツにも励んでその時期を何年も遅らせた。だが、やはり車椅子の使用は避けられなかった。歩けなくなると、生活は一変する。

「私は活発に人と交流しなくなってしまった自分も、醜く太ってしまった自分も、障害を持っていることも、嫌いで認められないできた。障害がなかったころに比べたら（人間との）恋愛関係だってうまくいかないのよ。でも、アヌークが来てから、私はそういった悩みをすべて手放せたの。犬は私に障害があろうとなかろうと、気にしない。私の障害について説明する必要もない。それにね、障害があればこそ、アヌークに身体障害者補助犬という役割を与えられるのよね」

身体障害者補助犬ならば、通常は犬が入れない商店でも、長距離移動の電車内でも連れていくことが許可されている。ロンヤは現在、障害者用の年金で暮らしていて、職に就いていない。そのため、アヌークとは文字通り二十四時間一緒にいる。

「障害があるからこそ、一〇〇パーセントの時間を私は彼と過ごせているのかもしれない。これは犬を愛する人間にとっては特権じゃないかしら。健康であれば、たとえば職場にいるとき、犬に寂しい思いをさせてしまうでしょう。でも私は違う。このことに気づいたとき、私は障害に関する新しい見方を手に入れた。あんなに嫌だったのに、もはや障害を憎まなくなったわ」

身体障害者補助犬としてアヌークを育てることは、ロンヤにとっては犬を労働させることではなく、でき得る限りともにいるためのシステムだ。種類も身体の大きさも性別もまちまちな仲間たちとじゃれ合い、走り回るアヌークをまぶしそうに見て、彼女は言う。

「なんて素晴らしいんでしょうね。彼が全身で喜ぶ様子を見るのが私の幸せなの。彼が楽しく満足して幸せに生きていけることが私の喜び。彼のためならなんだってする。お金がなくなり、ご飯が食べられなくなったら、彼のドッグフードを私も食べる。なにもかも捨てても、彼を幸せにする」

ロンヤと車椅子とアヌークの関係は、異種混交的な絡まり合いを成している。彼女が歩くとき、アヌークも歩く。アヌークが歩くとき、彼女も歩く。そのふたりの歩調を繋ぐ道具が車椅子だ。座る彼女の目線は、大きな身体のアヌークの目線とほとんど同じ高さだ。彼らは一体となり、同じ速度でいつも進む。

身体を預ける

十一日間の滞在の間に、アヌークがロンヤにキスするのを何度も目にした。あるとき、熱烈なキスのあとで、ロンヤは首をかしげながら私に言った。

「本当に不思議なんだけど、家のなかにいるときだけなのよ、彼がキスをしてくるのは。アヌークにも、プライバシーの概念があるのかもしれないわ。だってね、外にいるときはすごくキリッとふるまうのよ。甘えるなんてとんでもないっていうふうに。ところが、家に帰ってくると恋人気分で甘えてキスしてくるの」

彼女のこの言葉を聞いて、私はアヌークのパーソナリティが彼らの関係性のなかで出現しているのだと感じた。ふと、彼女が数日前に「動物はパーソン」と言ったことが思い出され、私は尋ねた。

「あなたはこの前、自分にとって動物はパーソンだと言ったでしょう。アヌークはどういう意味でパーソンなの？」

「アヌークは犬よ。人間じゃなくて犬。私とは違う。それを私は混同してはいないわよ」

ロンヤは私の質問の意図を先回りして、そう釘を刺してきた。

「動物は、私たちとは違う生き方をする。それを私はよく理解している。そのうえで、私は〝ノーマル〟な関係をアヌークと築いているのよ。他の〝ノーマル〟な人たちが人間同士で築くのと同じようにね」

「ノーマル」と言うとき、指でダブルクォーテーションマークを作る仕草をしながら、にっと笑ってロンヤは言った。

彼女はパーソンの説明の代わりに、パーソンとの関係性の説明をした。彼女にとって「ノーマル」な関係とは、セックスを含めて相手を尊重する関係性のことだという。そのような関係性を築けるのは、相手が対等な存在だからだろう。彼女は「人間と同じように尊い存在」という意味でパーソンという言葉を使っている。ロンヤは続けた。

「始終本気で一緒にいたら、アヌークの日々の成長や感情の変化は手に取るようにわかるし、そのなかには性欲も含まれる。私はアヌークを愛しているから、彼のすべてを受け入れたいのよ」

　彼女は「ズーになる」という覚悟を決めてからアヌークと暮らし始めた。だが、実はまだセックスの経験はない。その理由は、アヌークがまだ子どもだからだとロンヤは言う。彼が目下夢中になっているのは、公園のドッグランでの仲間の犬たちとのじゃれ合いや喧嘩で、性の目覚めはまだ先ではないかと。

「アヌークは、私に乗りかかってきたことはまだない。けれど、そのうちセックスの誘いが増えるだろうというのは感じる。というのもね、ごく最近なんだけど、私が寝ているとベッドにアヌークが潜り込んでくるのよ。普段、アヌークは廊下にある専用のベッドで寝ているけれど、ときどきこっそり近寄ってくるの。彼がそういうムードになっているときって、目つきがいつもとちょっと違うの。それから特別な笑みを浮かべる。そして、私の顔や耳を舐めてキスしようとするのよ。ベッドカバーをぐちゃぐちゃにしながら」

　ロンヤは、ちょっと恥ずかしそうにしていた。いわゆるガールズ・トークのときの女性特有の様子そのものだ。その雰囲気に、アヌークは確かに彼女のパートナーで、恋の相手なのだと私は感じる。キスでロンヤが目覚めると、アヌークはすかさず布団に入り込む。濡れた鼻先で彼女の裸の身体をつつき回しながら。

「私もその気があるときは、彼のしたいようにさせるの」

ちょっとぼかして、ロンヤはそう言った。

「それは、アヌークがあなたのヴァギナを舐めるってこと？」

「そう」

ロンヤは、さらに恥ずかしそうにした。

「そういうことをするのは、私にも余裕があるときに限るの。だって彼がそういうムードになってしまったら、熱中してしまって、止めるのが本当に難しいから」

アヌークの「いつもと違う目つきや特別な笑み」とはどんなものだろうか。それを見せるのはロンヤにだけだそうだから、私にはわからない。だが犬に表情があることは、犬を飼った経験のある私にもわかる。人間とまったく同じ方法ではないとしても、犬は「笑う」し、「怒る」し、「泣く」。

ロンヤがアヌークの誘いを感じるときに見出すその特別な表情について、彼女がアヌークの態度を都合よく解釈しているとは私は思わない。ロンヤはアヌークとの関係性のなかから彼の特性を見出し、尊重しつつ、彼からのサインを言葉ではない方法で受け取っているのだと私は思っている。

「ときどき、動物が喋ってくれたらどんなにいいかと思うわ！　喋ってくれさえしたら、アヌークと私がいかに完璧にコミュニケーションが取れているか証明できるのに。そして、動物のセクシュアリティのこともっと理解できるのに」

ロンヤにとって、パートナーであるアヌークからの無言の誘いは明白なものだ。彼女はそれに対し、身体を預けるという方法で、身体的な応答を繰り返しつつ、ズーになっていく。

ロンヤとアヌークは、あらゆる意味で相互依存的な関係だ。彼女たちは、すべての時間と経験を共有する。ロンヤはアヌークと「まるごと向き合うため」にズーになることを選んだ。かつて彼女がレズビアンになることを選んだように、ズーを選ぶことはやはり、彼女にとって、よりよく生きるための手段を選択することだった。

誰かによって選び取られるとき、ズーというセクシュアリティは先天的な性的指向に留まらないものとなり、理想とする生き方を叶えるための、新たな方法となり始める。

恋人の打ち明け話

かつてパートナーのバディへのマスターベーションを見せてくれたエドヴァルドとは、

その後も頻繁に連絡を取り合っていた。彼には、同居する同年代の恋人の女性のティナがいて、彼女に私の話をよくしたそうだ。

「ティナがきみに会いたがっているよ。よかったら遊びに来ない？」

そうエドヴァルドに誘われて、二〇一七年夏、私は彼らの家に滞在することにした。

エドヴァルドとティナが住んでいるのは、森林地帯の小さな村だ。冬にはスキー客が訪れ、夏には澄み渡る空気を求めて人々が逗留する。日本のリゾート地のように開発されてはおらず、ドイツらしい田舎がありのままに残る。晴れた日には坂の上から稜線が望め、少し歩けば散策に適した森がある。

彼らの家のリビングには大きなケージがあり、鳥が一羽、さえずっていた。さらに、はつかねずみが四匹、飼育箱でくつろいでいる。鳥もねずみもティナが飼い始めたという。そして犬のバディ。動物たちの気配が充満している点で、いかにもズーらしいリビングルームだった。

数年前に、エドヴァルドはティナにズーであることをカミングアウトした。そのころ、彼は仕事を失い、重い鬱病を発症していた。順風満帆と思っていたのに、突然の失意で、人生を考え直さざるを得ない状況になってしまったという。これまでのことやこれからのことを考え続けるうちに、彼はずっとティナと暮らしていくには、自分が抱えている秘密を打ち明けなければならないと思い詰めるようになったと話す。

「ズーであることを隠し続けて生きていけるだろうか。別れを告げられることを覚悟の上でカミングアウトしなければ、ティナに対して嘘をつき続けてしまうことになる。その勇気がなければ、なにも言わずに彼女の元を去るしかないと、僕は思った」

エドヴァルドは当時の気持ちをそう述懐する。

「ティナが僕のカミングアウトをどう思ったかは、彼女に直接聞きなよ。もうすぐ帰ってくるからさ」

エドヴァルドは手先がとても器用で、なんでも自分で作ってしまう。天井の高さまである鳥のためのケージも彼の手作りだ。ねずみが居心地よさそうにしている清潔な飼育箱も彼の作品だという。聞けば、いつもくわえている愛用のパイプも手作りだ。

「僕は、〇・〇一ミリメートル単位の狂いも許せないくらい、完璧主義者。ドイツ人らしいでしょ？」

と、エドヴァルドは言う。自宅には設計用のソフトを備えたパソコンや工具が揃っている。自分で床を張り替えたばかりだというベランダには、座り心地のよいソファとテーブルが置かれていて、私たちはそこで夏の夕暮れを楽しみながら、ティナの帰りを待った。

「ねえ、エドヴァルド。これまでに作ったもののなかで一番の自信作はなに？」

そう尋ねると、彼は少し考えてニヤリと笑った。

「いいものを見せてあげる」

　彼がいそいそと持ってきたのは、黒いアタッシェ・ケースだった。カチャリと音を立てて錠が開く。なかに入っていたのは、木の板に金属製のペニスが固定されている代物だった。

「これ、僕が作ったディルド」

　エドヴァルドが電源を入れると、大きな機械音を立てて銀色のペニスが前後し始めた。動き方は幾通りかあるらしい。私は大笑いしつつ、彼の創意工夫と技術に感服した。手製ディルドは、見た目に反して使い心地も悪くはないという。

「でも、まだまだ改善の余地があると僕は思っている。いつか商品化してひと儲けできないかなあ」

　どんなアダルトグッズならば売れそうかとアイディアを出し合いながら過ごしていたら、仕事先からティナが帰ってきた。彼女は笑顔で初対面の私に近寄り、挨拶しつつ私をハグした。美しく自然に整えられた髪や肌が、思いをよく表す緑色の瞳をいっそう映えさせている。彼女のなによりの特徴は、明るい笑い声だった。ティナは笑顔でエドヴァルドとのできごとや、自分の経験を語ってくれた。

　彼女はまず、エドヴァルドのカミングアウトがあった日のことを話してくれた。

「ある晩突然、自分はズーなんだって彼が話し始めたの。いったいなんのことやらわからなくて、すごくびっくりした。そもそも彼の話を聞いて、初めて動物性愛って言葉を知ったの。こういうことに特定の用語があるの？　って思った。そのくらい私には知識がなかったの」

　ティナは、エドヴァルドを質問攻めにしたという。自分をまだ愛しているのか。それとも動物しか愛せないのか。どうやって動物とセックスするのか。いつから性的な興味を抱くようになったのか。

「彼は、動物への性的な欲望は幼いころからだと言った。それから、そのこととは無関係に、私をいまも昔も変わらず愛しているとも。だから私は不安にならずにすんで、その晩ゆっくり話し合えたの。私は私なりの方法で彼のことをその日、理解できた」

　彼女がすぐにズーを理解したというので、私は面食らった。ほんとに？　ええ？　と思わず日本語で反応してしまう。言葉はわからなくても意味は通じたようで、彼らは大笑いした。

「理解できたのよ。だって、私は幼いころに犬にすごく興味があったの。特にね……、股の間のものに興味があったのよ」

　ティナは笑った。少し恥ずかしそうにしつつ、彼女は続けた。

「私にもそういう好奇心があったなって思い出したの。それに、私の初めてのセックスの夢は犬が相手だったの！」

「えっ、犬？」

予想外の言葉に私は聞き返す。ティナは声を立てて笑いながら説明する。

「ええ、本物の犬じゃないんだけどね。アニメの犬よ。五歳くらいだったかしら。セックスのことはちゃんとは知らなかったけれど、私はませていたの。幼稚園のときにはボーイフレンドがいたし！　そのころ、テレビでアニメ番組を見ていたの。『ワンワンサニュウジ』って知らない？　日本のアニメよ」

彼女のイントネーションを日本語ふうに置き換えて思案すると答えがわかった。『ワンワン三銃士』である。スマホで画像を検索して「これかな？」と見せると、ティナとエドヴァルドは「おお！　それそれ！」と興奮した。

『ワンワン三銃士』とは、アレクサンドル・デュマの小説『三銃士』を原作にした日本のアニメーションだ。すべての登場人物が動物として描かれていて、主人公のダルタニヤンをはじめ主要キャラクターは犬だ。日本では一九八一年の秋から一九八二年の春にかけて毎日放送系列で放映されている。翻訳版がヨーロッパ諸国でも放映され、人気を博していた。

「その主人公の犬のダルタニヤンが大好きで、彼とセックスする夢を見たのよ。そんなことずっと忘れていたの、完全に。でもあの晩、エドヴァルドと話していたら、その記憶が戻ってきたの。人間のキャラクターが活躍するアニメ版『三銃士』も見ているのに、私はなぜか犬のダルタニヤンのほうが断然好きだったってこともついでに思い出した。しまい込んでいた記憶をエドヴァルドが引っ張り出したのよ。こういうことを思い出してみて、私にもズー的な部分があるんだなって思ったの。だから、理解できるよって彼に言ったの」

エドヴァルドとの会話のなかで、ティナ自身忘れ去っていた幼少期の夢が突然蘇った。彼女にとって動物的なるものとの初めてのセクシュアルな出会いは、テレビ画面の向こうのキャラクターという、触れることのできないイメージとの、意識的に到達することもできない夢のなかでのできごとだった。彼女は現実の動物にセックスの欲望を感じたことは一度もないにもかかわらず、このたったひとつの幼少期の記憶をもとに、エドヴァルドを理解していく。欲望の対象が現実の犬なのか、イメージとしての犬なのかはティナにとって問題にならなかったようだ。ティナは自分なりの方法でズーを理解し始めたのだ。

突然、懐かしの日本アニメを持ち出され、私は感慨深くなった。動物への特別な愛着への理解を、まさかジャパニメーションが手助けしていたとは。

擬人化アニメは日本のお家芸ともいえ、その歴史はマンガの嚆矢ともいわれる平安時代末期の『鳥獣戯画』まで遡ることができる。人間と動物を厳しく峻別(しゅんべつ)し、生物のヒエラルキーのトップに人間を置く西洋的感覚とは異なり、日本では昔から人間とその他の種はある程度緩やかに混交しながら存在してきた。キリスト教的世界観では、神に似せてつくられた人間には魂があるが、それ以外の生物、まして無生物には魂はないとされてきた。一方の日本は、八百万(やおよろず)の神々の国である。森羅万象に神や精霊が宿り、動物や草木、石、器物さえも神々として祀(まつ)られる。さらに、現在の擬人化や擬獣化のアニメ文化や、着ぐるみ文化の源流とも思えるものとして、妖怪がいる。動物めいた妖怪のみならず、無生物の石臼(いしうす)やら布やら傘やらがある種の命を与えられ、妖怪として道々を跋扈(ばっこ)する。

　長い歴史のなかで、人間ではない存在たちの活躍を大いに認めてきた日本人だからこそ、『三銃士』という傑作文学の主人公を犬に仕立ててしまえたのだろう。ヒーローを動物の姿に変えることで、身近で愛くるしい存在にし、難解な内容でも子どもの共感を得ようという日本的表現は、西洋の子どもたちにも受け入れられていた。ティナにとっては、性的な夢を見てしまうほどに。

「ねえ、話し合ったその晩はよく眠れた？」

　そう尋ねた私に、ティナは頷いた。

「うん、よく眠れたよ。互いに心の底から話したもの。私は彼を愛しているって再確認した。互いに、これまでよりももっと信頼できるようになったと思った。私たちの関係の新しいステージに入ったなって。性的なファンタジーであれ、なんであれ、どんなことだって私たちは怖がらずに話せるの。すごくいいことじゃない？」

エドヴァルドもそのできごとを思い出し、言った。

「カミングアウトした翌日の朝、人間と犬がセックスしている動画をティナに見せたんだ」

「そうだったわね！　私がイメージしやすいようにってね」

「その後で、ふたりとも興奮しちゃって、一緒にマスターベーションしたよね」

ふたりは、そうそう、と大笑いしていた。楽しそうに笑うふたりの様子には、隠し事がなにひとつないことへの自信や安心感、穏やかさがあった。

ふたりと一頭の実践

私は、彼らの家に合計で一週間ほど滞在した。

ティナとエドヴァルドは、バディとともに日に二度は近くの森に散歩に行く。たっぷり時間をとって、目いっぱい遊ぶ。人通りはほとんどないから、バディはリードをつけずにふたりより先を歩く。ときに何かを見つけて走って行ってしまうので、彼らは常にバディの行動を見ていて、視界から消えると大きな声で呼びかける。すると、バディは尻尾を振りながら走って戻ってくる。散歩を終えると、ティナとエドヴァルドはピンセットを持ってバディの身体を隅々までチェックする。森で遊ぶとバディの健康を脅かすノミを持ち帰ることがあるため、毎回探して取り除いてやらねばならない。ふたりは十五分でも三十分でもかけてバディの身体をまさぐり、今日は三匹もいただの、こんなに大きいのがいただの言いながら、私に潰れたノミを見せてくる。その間、バディは満足そうに寝転がっている。ティナとエドヴァルドに大切にされているからか、バディは精神的にとても安定している。興奮したり、慌てたりするところを私は一度も見ていない。

彼らがバディを迎え入れたのは、エドヴァルドのカミングアウトから数年たってからのことだ。ティナにとって、バディはどんな存在なのだろうか。彼女は考えながら、こんなふうに言う。

「バディは家族なんだけど、ときどき家族以上だと感じるときがある。恋人のような……。私たちの関係は、もしかしたらポリアモリー（複数のパートナーと同時に性愛関係を持つこと）の一種かもしれない」

バディはときどき、ティナに乗りかかってセックスしようとしてくるという。これまでに一度、ティナはそれに応じてバディとのセックスを試みたことがある。

「エドヴァルドにバディを抱えてもらって、私のヴァギナにバディのペニスが安全に入るように見守ってもらった。根元の亀頭球が入らないように。でも、うまくいかなかったのよ」

ティナの隣でエドヴァルドは頷く。

「ティナを傷つける可能性があるから、積極的にはなれないよ」

だが、ティナはバディからヴァギナを舐められることはあるという。彼らもまた裸で就寝し、バディの寝床も同じベッドルームにある。寝ているときに、バディは特にティナを求めてくるのだそうだ。

「あとは、トイレに行くときも。私が用を済ませると、バディが寄ってきてヴァギナを舐めるのよ」

「きれいにしてあげるね！　ってね。うちは、どこのドアも全開にしていることが多いから、バディは自由に部屋を行き来するんだよ」

と、エドヴァルドも付け加える。

「でもあれは、バディにとってはセクシュアルな意味じゃないと思う。私にとってもよ」

ティナは、バディに舐められることには抵抗がないという。小さいころから動物が好きだったからか、もともと犬と舌を絡めるキスをすることにも慣れていた。

「犬の唾液は殺菌力が高いから、人間の口よりも清潔なのよ。だから問題ないよ」

安全性についての真偽はわからないが、ティナは自信満々に言った。とはいえ、どうやらバディの舌の感触はそれほど好きではないらしい。いわく、あんまりソフトじゃないし、慌ただしい。舐め方をコントロールできるわけではないし、繊細でもない。でも、と彼女は微笑んだ。

「私は、バディに舐められるのは好きよ」

ティナは、簡単には言葉にできないような種類の強い印象を私に与え続ける人物だ。彼女はズーをまったく知らなかったのに、彼女なりの方法で、それも驚くべき早さで理解し、エドヴァルドを受け入れた。そしてさらに、彼女自身も次第にズーになっていくことを選んできた。おそらく彼女は、エドヴァルドとの出会いがなければズーにならなかっただろう。だが、一方で、彼女ならばエドヴァルドがいなくてもズーを理解することができただろう。

ティナとエドヴァルドに、愛とセックスのかかわりについて聞いたことがある。

「いい関係においては、愛とセックスは一致するんだと思う」

そうティナが言うと、エドヴァルドは言った。

「身体のオーガズムと、頭のオーガズムがあると思う。セックスが前者で、愛が後者じゃないかな」

するとティナはエドヴァルドに向き直り、答えた。

「それが私の言っていることだと思うよ。そのふたつが、いい関係では一致するのだと思う」

ティナのこの考え方が、彼女が辿ってきたこれまでの経緯を説明している。彼女にとって、いい関係においては身体と頭のオーガズムが一致するので、愛するエドヴァルドを理解するために、彼女は恋人の性的な想像力にも関係するはずの動物性愛を、イメージから把握し、受け入れようとしたのではないだろうか。

繊細な彼女は、エドヴァルドが鬱に苦しんだ日々のことや、私の性暴力の経験などが話題に上ると涙を浮かべてしまう。共感力が高く、自分を保つよりも自分の意識を変えて人に寄り添うことを選ぶ。そんな彼女にとっては、受容することこそが愛なのかもしれない。エドヴァルドを受容し、さらにバディを受容する。受容は実践を伴って、彼女はズーになっていく。彼女の口から「ノーマル」や「アブノーマル」といった言葉が出てきたことは一度もない。彼女が頻繁に口にしたのは「愛」だ。

私が帰国してから、彼らとバディの関係には進展があった。二〇一七年末のある日のこと、ティナがこんなメールをくれた。

「バディとセックスしたよ。バディは上手に私のヴァギナに挿入したの。今回もエドヴァルドがバディを抱えて、亀頭球が入り込まないように気をつけてくれた。バディはすぐに射精を始めたんだけど、それがすごく長く続くの。バディは、四十五分にわたって何度も射精したのよ！　私は身体的にはちょっと退屈だったな。動きが少ないから。でも、バディをこれ以上にないほど近く感じられて、精神的にはとても素晴らしい感覚を得られたよ。もしかしたら、亀頭球まで挿入して、Ｇスポットに当たるようにしたら、身体的にも気持ちいいのかもしれないよね。でも、大きすぎるから怖いし、私には無理だと思う。挿入のあとは、バディの精液で膣（ちつ）が満たされて、すごくよかった。だけど一番素晴らしい喜びは、頭のなかにあったよ」

　エドヴァルドとバディとティナという三者関係は、家族のようでもあり、種も性別も超えた恋人関係のようでもある。そこに名づけが必要だとは、私は思わない。セックスではこの三者は排他的ではなく、むしろ三者が揃うことで成立する。エドヴァルドはティナとバディが傷つかないように見守り、ティナは頭のなかの喜びをエドヴァルドと共有する。ティナは、彼女にとっての愛――頭のなかのもの――と、セックス――身体的なもの――との境界を行き来しながら、それが一致する関係性をエドヴァルドとバディとともに探求しているように見える。

　しかし、エドヴァルドに抱えられたバディには、果たして自主性が完全に担保されているだろうか。それは、見方によって違うだろう。けれども、興味深いのはバディが精液によって「これ以上にないほど近く」ティナに接近することだ。ティナの体内でバディの精液は生き延びることはない。いくらかは吸収されたとしても、いずれは排出される運命にある。だが、ティナは精液というバディの身体の一部が自らの身体に浸透する感覚を、身体的な喜びとして受け止めている。セックスには物質的な側面が必ずあり、精液をはじめとして体液や匂いがその感覚を際立たせる。そしてその面では、人間と犬という種の違いも問題にならず、むしろ種を超える役割を果たしているようにも思える。

十九歳の決断

数週間かけて一緒に過ごしてみても、謎めいて感じられるひとりの人物がいた。その人はある意味でもっとも私を悩ませた。自分を「ズーだ」と言うが、私から見ると、どうも他のズーたちとは違っていたからだ。彼は名前をクルトという。

二〇一六年秋、初めて会ったとき、クルトはまだ十九歳だった。私が出会ってきたズーたちのなかで、もっとも若い。彼は目を輝かせて止まらないお喋りをする。そしてふと「あ、僕喋りすぎていたよね？」と私を気遣い、引き出しからお菓子を取り出して差し出す。いつも甘い飲み物を飲んでいて、クローゼットにさまざまな炭酸飲料が隠されている。

彼は大きな都市の高級住宅街の一軒家に、両親と一頭の小型犬と住んでいる。家族は私が何泊しようと嫌な顔ひとつせず、おいしい家庭料理を何度も作って歓待してくれる。クルトの父は「自分たちはちょっと変わり者。誰が何日家にいたって構わない」と豪快に笑っていた。

渡航前、日本でゼータのメンバーとやりとりを始めたころ、まっさきにビデオ通話をしたいと言ってきたのがクルトだった。クルトは「いつでも何日でも泊まってね」と当初から言っていた。彼には警戒心というものがない。なぜ私をすぐに信用したのか聞くと、彼は笑って言った。

「きみが悪い人なわけがないから。きみは、ゼータの人たちに偏見がなかったじゃない。それだけで僕にとってはいい人と思える理由だったよ。僕と同じだから」

初対面のとき、彼はまだゼータに入ってたった三カ月だった。経緯を聞くと、とあるゲームのオンライン・コミュニティでゼータのメンバーと知り合い、親しくなったのがきっかけだという。

「その人からゼータの説明を聞いたその日に、僕はサインしたんだ。メンバーになるよって。だって、彼らは動物虐待なんてしていないから」

その日のうちに加入したという事実に驚かされた。ゼータのサポーターという立場なのかと聞くと、彼は言った。

「多分、最初はそのつもりだったよ。でも、いまでは僕も自分はズーじゃないかと思う。僕にはまだ、動物とのセックスの経験はないけど」

「家で飼っている犬とも性的な接触の経験はないの？」

私が尋ねると、彼は答えた。

「彼女は僕たちの家族だもの。パートナーとは思えないよ」

それが嘘ではないことは明らかだった。というのも彼とは合計して約三週間、生活をともにしているのだが、クルトのその犬に対する態度は他のズーたちと明らかに異なっていた。私が見てきたズーたちはパートナーを常に視界のどこかに入れ、ひっきりなしに気にかけており、犬もまた彼らの近くにいつもいて、頻繁に互いの身体のどこかに触れるか、目を合わせるかする。そして一日に何度も舌を絡めるキスをする。しかし、クルトとその犬にはそういった身体的交渉は一度も見られなかった。クルトの部屋に犬が訪ねてくることも、クルトが積極的に犬の世話をする場面もなかった。クルトと犬の生活は交わらない。犬は犬で気ままに過ごし、クルトをはじめ人間の家族たちとは別のなわばりで暮らしているかのようだ。クルトの周辺には、人間と動物の視線や吐息が絡まり合うような濃密なズー的空間がない。

つまり、クルトはこれまでごく一般的な飼い主として犬と接してきた。にもかかわらず、彼は自分をズーだと思う、と言う。いったいどういうことなのだろう。最初に会ったときには、私は彼にとっての「ズー」が何を意味しているのかわからなかった。一年後の二〇一七年の夏にも、やはり彼には「ズー」の自覚があり、ゼータにも所属し続けていた。

「あれからいろいろ考えたんだよ。僕は本当にズーなのかなって。でも、やっぱり限りなくズーだと思う。この前初めて、友達の犬と舌を絡めるキスをしたんだよ！　それが僕は楽しかったんだ。僕はますます自分はズーだと思うようになってきたよ」

ドイツでは一般的には、犬と舌を絡めるキスはしない。ズーたちにとって、そのようなキスをするかどうかはひとつの試金石になっている。たとえば、私はあるとき犬にじゃれつかれ、その舌が私の口に入ってくるのを無意識に拒んだ。それを見たズーたちは「きみはだめだなあ。ズーじゃないなあ」と残念がった。これができれば、ズーの素質があるというわけだ。クルトは最近それを経験して、「全然嫌じゃなかった。だから僕はズーっぽい」と言う。

クルトは人間に対してはゲイだ。まだ自分がゲイだと気づいていなかったころから仕草や雰囲気をからかわれ、周囲の友人たちとうまくいかなかったことがある。

彼の部屋には一枚の絵が飾ってある。十六歳のときに描いたものだ。中央に、服を着たヒョウが肩をすぼめて小さくうずくまっている。その周囲に、「オカマ」「死ね」「地獄におちろ」「おまえなんていなくなれ」といった罵詈雑言（ばりぞうごん）がちりばめられている。

「あのヒョウは僕。名前はキーダっていうんだよ」

キーダは小さいころからクルトのそばにいた、空想の友達だ。夢のなかに何度も出てきたことがあるという。はじめキーダには名前がなく、クルトの味方でもなかった。幼い彼を襲って食い殺す存在だったという。しかしクルトはキーダを次第に受け入れて、一体化していったと話す。クルトにとって、いまではキーダはもうひとりの自分だ。彼が自分をズーだと思う理由のひとつが、このキーダの存在にある。ヒョウとしての自分を持つこと、キーダに支えられることそのものが、彼にとっては「ズー的な」経験なのだとクルトは言う。

クルトは身をもって苦しんだ経験から、セクシュアリティ差別に対して人並み以上に敏感だ。彼は差別される側の人々にシンパシーを感じ、支えようとする。彼がゼータに入った第一の理由は、間違いなく彼の正義感にあるだろう。

「僕の理解では、ズーたちはなにも悪いことをしていないにもかかわらず、社会の偏見や無理解にさらされて、セクシュアリティに苦しむ人々だよ。ただ動物を愛しているだけなのに、どうして非難されなければならない？　きみも知っているでしょう、ナチスがゲイを虐殺したことを。絶対にそんなことは二度と起きてはいけないんだ。セクシュアリティによって人を差別したり、批判することはあってはならないんだよ」

彼の意見には私も同感だ。だが、特定のセクシュアリティの持ち主たちに共感し、支えようという意識は、すぐさま自分のセクシュアリティにも影響するのだろうか。クルトに対して私がもっとも疑問に思ったことはそれだ。そのうえ、クルトは親友の女性にズーかもしれないと思っているということをカミングアウトするという。

私は、もう少し考えたほうがよいのではないかと言った。カミングアウトは重大な行為で、友人関係に影響を及ぼしかねない。だが、私に彼を止める権利はない。彼の意志は固く、しばらくして本当に彼はその計画を実行した。

カミングアウト

「親友のシルヴィアがどうしてもきみに会いたいって。明日うちに来るよ。一緒に話そう。僕がズーかもしれないってことは、もう彼女に言ったんだ」

二〇一六年秋のことだ。突然クルトがそう言った。私は驚いてしまった。

「本当に話したの？　どうして？　いつ？」

そう、矢継ぎ早に質問してしまう。

「話したくなったから話したんだよ。つい数日前にね」

クルトといると、純粋すぎる小さな男の子を前にしているような気持ちにしばしば囚(とら)われる。あるころから、私は我慢ができなくなって言うようになってしまった。「あなたが心配」。するとクルトはいつも「ありがとう、大丈夫だよ」とにっこり微笑む。

翌日、シルヴィアがクルトの家を訪ねてきた。機関銃のように喋る金髪の女の子だ。彼女とクルトは、互いのなにもかもを知っているのだという。たまに喧嘩もするし、仲直りもする。シルヴィアは日本と韓国のマンガやアニメが大好きで、私が日本人と聞いて、いてもたってもいられなくなったらしい。

クルトからズーかもしれないと聞いてどう思ったかを、シルヴィアに尋ねる。

「びっくりしたよ」

真面目な調子で答えるシルヴィアを見て、クルトが吹き出した。

「嘘だよ！　全然驚かなかったじゃん！」

「ちょっと！　やめてよ！」

シルヴィアも釣られて笑って、クルトを小突く。どういうことかと尋ねると、クルトは言った。

「彼女、〝クールじゃん！　日本のマンガで読んだことあるよ。動物とセックスするエッチなやつ！〟って言ったんだよ。拍子抜けだよ。こっちはすごく緊張したっていうのに」

これには私も笑ってしまった。カミングアウトを心配したのは取り越し苦労だったかな、と思う。また、ここでも日本のマンガが理解の手助けをしていることも興味深かった。フィクションを介することで、種を超える関係性への理解は進みやすくなるのかもしれない。

「やめてよ、もう！　たまたま知っていただけだって。本当に偶然！」

シルヴィアはむしろ、自分が「エッチなマンガ」を読んでいたことを恥じているようだった。

クルトがズーであっても拒否感は起きないのかとシルヴィアに聞くと、彼女はきょとんとして、「拒否感？　ないよ？」と言った。

「だって、私はクルトをよく知ってるから。この人が動物を虐待するわけがないし。それに、セクシュアリティが理由で友情が壊れるなんてあり得ないよ。彼はズーがどんなものか、丁寧に説明してくれたの。だから理解できた。いいんじゃない？　いろんな愛のかたちがあるでしょ？」

シルヴィアとクルトと私はその後、二年の間に何度となく会い、一緒に遊び、ご飯を食べ、時間をともにした。彼女のクルトに対する友情も態度も、一貫して変わらなかった。クルトはますますシルヴィアを知るようになり、シルヴィアもまたクルトをさらに知るようになった。

二度目にドイツを訪れる直前、クルトは私にメッセージを送ってきた。

「もうひとりの女友達にも、ズーかもしれないって話したよ。きみにはすごく興味深いと思う。彼女の反応はシルヴィアと違っていたんだ。こっちに来たら話を聞いてみてよ」

この事後報告にも、やはり違和感を覚えた。クルトが身近な友人たちに打ち明けていく目的や真意を、私は依然として、測りかねていた。

新たにクルトの秘密を知った女友達はアティカという。最近はクルトとシルヴィアと三人で一緒にいることが多いそうだ。アティカはシルヴィアやクルトとは正反対の寡黙なタイプで、少ない言葉で要点を押さえて説明する。クルトがズーだと打ち明けたことについてどう思ったかという私の質問に、彼女はこう答えた。

「どのようなセクシュアリティであったとしても、私と彼の関係や友情に影響はない。もともと、友達になるときに誰がどんなセクシュアリティの持ち主かは考えない。だから、彼が誰をどのように愛そうと私は構わない。けれど、ズーというもの自体には、私は賛同できない」

それを聞いて、私よりもクルトが先に質問をした。

「なぜ?」

「私は、セックスには意思の疎通が確実に取れている必要があると思う。もう十年以上、私は家で猫を飼っている。猫は単純なことはわかっても、複雑なコミュニケーションは取れない。人間と動物じゃ、脳も身体も違う。だからやっぱり不自然だと思う。セックスが成り立つとは思えない」

ズーならば何度も聞いたことがある代表的な反対意見ともいえる彼女の言葉に対し、クルトは口を挟みかけたが、アティカはそれを制して意見を述べ続けた。クルトは私を見て、どう反論しようか迷っている顔をした。彼は、私が援護すると思ったのかもしれない。しかし、私はただ頷きながらメモを取っていた。議論が起きれば、その様子を細かに記録するつもりでいた。だが、そのとき階下からクルトの母親が呼びかける声がした。

「みんな！　料理を手伝ってちょうだい」

それでも、いくつかクルトは意見していた。動物は喋ることはできなくても、別の方法で意思表示をすること。体格の違いは猫と人間では顕著で、そのために普通、ゼータのズーは猫をパートナーとしないこと。猫だけを例に考えていては理解できないだろうということ。

私たちはバタバタと階段を下り、会話をやめた。身近なふたりの女友達にこうしてカミングアウトしているクルトだが、家族には秘密にしている。

庭に出て、日の当たるテーブルでソーセージの詰め物を作った。独特の器具を使うその作業はコツのいる力仕事で、私には手伝いがまるで務まらなかった。苦闘する私の様子にクルトの母親とアティカは笑い転げ、「これぞドイツ女の強さ！」と力こぶをつくって手本を示した。実際、アティカは実にうまく淡々とその仕事をこなした。力の入れ方、身体の使い方がさまになっている。しばらくするとシルヴィアが現れ、彼女もまた参戦した。いつも友達が集まり、夕食をこしらえて皆で分け合って食べる。クルトがときに危ういくらい他人に心を開く性格に育ったのは、この家の日常を見れば自然なことなのだと思う。

だがそれにしても、クルトによる友人たちへのカミングアウトの行為には、どんな意味があるのだろうと、私は庭で考え続けた。実際に犬を迎え入れるときにズーになることを決意したロンヤや、恋人であるエドヴァルドを愛し、理解して、自分もズーになっていくティナに比べて、クルトがズーになっていく理由には切実さに差があるように私には思えてしまう。

はじめ私は、ゲイであることが理由で思春期に友人関係で苦悩したクルトにとって、ズーについて打ち明けるのは友情を確かめるための試し行為なのではないかと考えていた。カミングアウトは、人々の関係性に直接的に関与する。なかなか言えない個人的な性の秘密を分け与えるこの行為は、見方を変えれば最大のプレゼントを友人に贈ることでもある。そのプレゼントは受け取ってもらえるかどうかはわからない。受け取り手が拒否すればおしまいだ。しかし、ひとたびプレゼントが受け取られて「大丈夫だよ」と言われたとき、その言葉はさらに大きなプレゼントとなってカミングアウトした側に戻ってくる。秘密がわかち合われ、了承されたとき、プレゼントのやりとりによって人々は繋がりの強固さを確認し合う。

クルトの行為も、そう考えればひとたびは理解できるのだ。しかし、そうであればなぜ、彼はもっとも大切にする家族には、いまのところカミングアウトを避けているのか。

クルトは、ゲイであることは真っ先に家族にカミングアウトしたそうだ。その状況を私はクルトからもその両親からも、それぞれ聞いている。クルトは真っ青になって震えながら話したという。母親は狼狽もしたが、彼の幸せを第一に願った。父親は彼の様子を見て「それほど怖い気持ちになってしまっていることが、不憫(ふびん)でならなかった」と言う。いまではクルトは、家族にも親戚にも友達にもゲイであることをオープンにしている。だが、ズーについては、彼のカミングアウトの経路は違う。なぜか家族を避けて、先に友人たちに話し始めている。そこで私も、クルトの家族には彼を訪問している真の目的を隠さねばならなかった。

ある晩のことだ。クルトの父親が、そろそろ夕食だと声をかけてきた。腕を振るった料理でもてなしてくれるという。

そう、クヌーデルである。もう何皿目かわからない。ドイツの一般家庭を訪ねて旅を続ける限り、クヌーデルからは逃れられない。私はもはや、クヌーデルに対しては平常心を保てるようになっていた。「おいしいです」とニコッとするのにも罪悪感を抱かなくなった。これは生き抜くための知恵であって、罪のある嘘ではない。クヌーデルはいくら食べてもおいしくはならなかったが、どの家庭でごちそうになってもそれ以上にも以下にもならない味だから、ひたすら皿を空けることに集中すればよかった。いつしか私は、瞑想的(めいそうてき)にクヌーデルに向き合えるようになっていた。

クルトの両親は私がここに来た理由をわざわざ聞こうとはしなかったが、知りたがっているに違いなかった。そこで私は、別の理由を用意していた。セクシュアリティに関心があり、特にドイツのＬＧＢＴカルチャーに注目しているのだと。人を通じてクルトを知り、彼のゲイとしての経験を聞きに来たと。おいしいふりをしてクヌーデルを食べながら、私は落ち着き払って嘘をついた。

そういうときほどすらすらと言葉が出てくるのだから、不思議なものだ。クルトは私があまりにも流暢に嘘をついたと言って、純粋に驚嘆していた。いわく「ばっちり」だったそうだ。クヌーデルをつつきながら私の嘘に耳を傾ける彼のやや緊張した面持ちを思い出すと、クルトが家族にはまだズーについて知らせたくないと確かに思っているのがよくわかる。

クルトのズーとしての自認からカミングアウトに至る言動の不思議さについて思案するうちに、もしかしたら私自身の考え方がこのことをわかりにくくしているのかもしれないと思うようになった。

クルトの「ズーだ」という主張の背景には、セックスへの直接的な欲望が見当たらない。彼は動物とのセックスをしたことがないし、したいと私に話したこともない。自宅の犬との距離感は、普通の飼い主そのものだ。達也が悩みを私に打ち明けたときのような切迫感も、クルトには見当たらない。こういったことがずっと引っかかっていた。

この印象は、「セックスは本能的で自分ではどうにもできないもの」とする固定観念を私がどこかで持ち続けているから生じるものだと、後になって気づいた。

私はそれぞれの理由でズーになっていくロンヤやティナに共感してもいたし、理解や受容からセクシュアリティを選び取ることが人間にはあるのだと、彼女らを通して知った。セックスは本能だけで片付けられる問題ではないと、感じ始めていた。

それなのに、クルトのことだけはうまく理解できないでいた。どこかで「彼には動物のパートナーもまだいないのに」と思っていたからだろう。経験もないのに、という偏見だ。だからクルトが友人たちにカミングアウトすることについて、私は「クルトが、自分はやはりズーではなかったと後に結論することになったら、取り返しがつかないのではないか。まだ彼はズーだと確信を持っていないはずなのに、もし偏見にさらされて、意味のない苦労をすることになったら大変だ」と思っていた。

私は、クルトのズー宣言とカミングアウト行為について、いまはこんなふうに考えている。

これはクルトの個人的な、性差別に抗う政治活動なのだと。クルトは「ズー」という価値観をゼータの人々から受け取り、今度は媒介となって、しかも当事者となって身近な周囲に伝えている。カミングアウトとは、自分の究極的な問題を周りの人々に知らせることだ。カミングアウトされる側は、それまで「他人事（ひとごと）」だった問題を、身近な当事者の「自分事」として突然提示される。その行為によって、その問題はどうでもよいものではなくなり、わかち合われるべきものになる。クルトが性的経験によらず、ズーであることを自覚的に選び取っているのは、当事者としての訴えかけの力強さを、あらかじめゲイとしてのカミングアウトで知っているからではないだろうか。彼にとって当事者であることは、政治活動を進める原動力になっているのではないか。また、それが政治活動であればこそ、家族よりも身近な他人に打ち明けるほうが社会への影響力が強い。

ここまで気づいたときに、私はあらためてセクシュアリティとはなにかと自問自答した。

セクシュアリティとは曖昧な言葉だ。文脈により性的指向を指すことも多い。しかし、本来は「セックスにまつわるあらゆること」を指し、広範な意味を持つ力強い言葉でもある。

この「あらゆること」が難しい。想像し得る限りのあらゆること。セックスそのものにはじまり、性的指向、性的嗜好、生殖、生殖の管理、妊娠、中絶、それだけではなく性にまつわる教育、政治、身体性、感情、感覚……。セクシュアリティを考えるということは、セックスを巡るすべてを考えてみるということだ。

クルトを通して、私はこのようにも考えるようになった。「セックスは本能的で自分ではどうにもできないもの」ではない。セックスの本能が先にあってセクシュアリティが発生するとは限らない。セクシュアリティを考えるとき、セックスとセクシュアリティの位置を逆転させることも可能だ。「このようなセクシュアリティのために、このようなセックスを選び取る」と宣言してもよいのだ。それは、ロンヤやティナがしていることにも重なる。

クルトが周囲の友人にカミングアウトするとき、つまりセクシュアリティをひとつの問題として身近な社会に提示するとき、彼自身が意図しているか否かは別として、彼は次のようなことを行っている。自分がいかにしてズーになっていくのかを説明するなかで、クルトはズーであることを、生来的で自分ではどうにもできない性的指向としてではなく、むしろ、その文化的な側面や環境的な側面こそを、カミングアウトする相手に伝えている。

ズーの文化的な側面とは、たとえばゼータという団体が発足し活動を展開していることや、彼らが動物保護の観点と矛盾しないもの、あるいは動物へのケアとしての側面を持つものとしてのズーというセクシュアリティを主張していることだ。環境的な側面とは、たとえば犬という動物が人間と非常に近い距離感で共存していることや、そのために人間のうちの一部は、周囲の人間にもまして身近な犬に心を開くケースがあることなどだ。

こうして、クルトのカミングアウトは、「自分を理解して欲しい」という個人的な欲求を超えて、ズーというものに「選択し得るセクシュアリティ」という広がりをもたらしていく。

ロンヤに打ち明けたバルバラも、ティナに打ち明けたエドヴァルドも、クルトと同じようにカミングアウトによって周囲の身近な人々に変容をもたらしている。私が知り合った「ズーになっていく人々」は五人いるが、その全員が誰かのカミングアウトをきっかけとして、自分もズーになっていった。

カミングアウトし、カミングアウトされ、共感し、ズーになっていく人々。彼らが示しているのは、ズーというものが動物への新しい接し方や、新しい生き方のひとつとなり得て、それを人は選び取ることも可能なのだということだ。

シルヴィア、アティカ、クルトが三人で話していたとき、クルトはこんなことを言った。

「ズーのことを知らなければ、僕はもっと退屈だったろうな」

彼は楽しみながら、身近な社会を変えていこうとしているように、私には思える。その根底には、彼が強く信じる「セクシュアリティの自由」がある。

ズーになっていく人々には、生まれながらにズーだった人とは異なる背景の多様さがある。ある人にとってズーとは、身近な動物をまるごと受け止めながら、ともに生きるための新たな方法であり、ある人にとっては愛すべき恋人や犬を受容する方法であり、またある人にとっては政治活動でもある。

ズーとは、セックスに終始する話ではない。動物、人間、社会、すべてに絡んで問いを発する。その問いかけは始まったばかりで、まだまだ終わることはないだろうと私は感じる。

第六章　ロマンティックなズーたち

動物へのまなざし

二十人以上のズーたちに会い、話し、ときにはお酒を飲んだり遊んだりした日々のなかで、私は徐々にだが明らかに変わっていった。ミヒャエルに実際に会うまで不安を拭いきれなかった私は、やはり、固定観念にもとづく偏見を抱えていたはずだ。「動物とセックスをするなんて、よっぽど変わった人たちなのだろう」と。

しかし、目の前に次々に現れたズーたちは、私をそのような偏狭な価値観の持ち主として落ち着かせておいてはくれなかった。彼らは世界を覆う常識の膜に穴を穿(うが)つ。私の殻をこじ開け、揺さぶり、新しい世界を見せてくれた。

ズーたちのあり方に、私はときに困惑し、悩みもした。しかし振り返れば、共感することも、感動することも、そして彼らから学ぶことも数多くあった。

特に、生活をともにする動物をどのような存在と見なすのかについては、ズーたちとパートナーの関係を間近で見るようになって以来、自分に繰り返し問いかけるようになった。

人々が抱く動物へのイメージは、大きくいくつかに分けられる。「保護すべき対象、力なく自立できないいきもの、子どものような存在」。これはアクツィオン・フェア・プレイなどの動物保護団体も用いる言いぶんで、世界でももっとも受け入れられやすい言説だろう。ただし、このときの動物とは、ペットなどの身近な動物のみを指す。「人間とは離れた世界に暮らす、自立したいきもの」。これは野生動物に当てはまる。ほかに、「観賞用のいきもの」や、「人間とは異なる気味悪いいきもの」といった見方もあるだろう。

だがズーたちの動物観は、そのどれとも異なる。「人間と対等で、人間と同じようにパーソナリティを持ち、セックスの欲望も持ついきもの」

それがズーたちの考え方だ。身近な動物をこのように捉える彼らの姿勢から考えさせられることは多い。暮らしをともにする犬などの動物の性を無視していいのかという彼らからの問題提起は、議論を呼んでいいはずだ。ズーたちが私に突きつけてきた最大の論点は、結局それだったのだろう。

ズーたちの話を聞き、「動物にもセックスへの欲望がある」と気づかされてしまったために、私はもはやそれを無視することができない。もしも今後、私が犬を飼うことがあったとして、そのとき私はどうするだろう。

そう考えると、私は怖くなる。私には、動物の性的欲望を身体的に受け止めることはできそうにない。あらかじめ性を持たない「子ども」として、ただかわいがるだけの接し方のほうがよほど楽だと、正直に言えば思っている。だが、もはや、私はそのような飼い主になろうとは思わない。

あるズーの男性に、私はこの思いを話してみたことがある。彼もまた、ロンヤやティナ、クルトと同じようにズーになることを選んだ人だった。私は彼に言った。

「動物のセクシュアリティを大切に扱うべきだと、私も考えるようになった。だけど、そのせいで今後、二度と犬を飼えない気がしてきたの。犬は好きだけど、セックスできるとはどうしても思えない。やっぱり怖いし、自分にその欲望がないから」

すると、彼はこう言った。

「どんなセクシュアリティであっても、セックスしなくちゃいけないということはないでしょう。犬にマスターベーションをしてあげる方法だってあるよ。きみは、なんでセックスをしなくちゃいけないと思い込んでいるの？」

私は言葉に詰まった。彼の言う通りだと思った。

「それに、いまでは犬用のセックス・トイだって売っているよ」

彼は、安心しなよというふうにそう続けた。

犬用のセックス・トイとは、フランスで開発された「Hot Doll」という商品で、犬のような形をしたマスターベーション用のドールだ。オスの犬向けで、ペニスを挿入できるシリコン製の擬似的なヴァギナがある。こんなセックス・トイが発売されているのだから、愛犬の、特にオスの性的欲望のやり場に困っている飼い主は実は少なくないのだろう。身近な動物のセックスについて、これまであまり語られてこなかったのが不思議なほどだ。

ズーになっていった彼は私に言った。

「僕はズーの概念を理解してから、ズーになった。僕はもう、ズーではない自分には戻らないし、戻れない。セクシュアリティのアイディアは、そう簡単に捨てられるものじゃないよ」

彼はズーというあり方を、動物への接し方のひとつ、新しい愛し方のひとつと捉えている。ズーであることとは、「動物とセックスすること」と必ずしも同義ではないと、私はドイツでの旅を通して理解した。彼らはセックスを目的としていない。私が見てきたズーたちにとって、ズーであることとは、「動物の生を、性の側面も含めてまるごと受け止めること」だった。

病と見なされること

世間から見れば、ズーは「アブノーマル」な人々だ。彼らもそれをわかっている。だから、全員がカミングアウトをするわけではなく、むしろ公にしようとは決して思わないという人のほうが私の周りには多かった。エドヴァルドは、恋人のティナには切実な思いから打ち明けたが、社会的には今後も表明するつもりはない。

「公言できるわけがないよ。そんなのはドイツでは自殺行為だ。ひと言でも言ってごらん。変態か病気だと思われて、偏見にさらされるだけだよ」

彼は、何度も私にそう話した。

「変態」か「病気」扱いされるというのが、ズーたちの実感だ。おそらく、これはドイツに限った話ではないだろう。

私はこれまでに日本で何度か、ズーについて研究会などで話したことがある。聞いてくださった方々の中に、精神科医がいた。質疑応答で彼はこう言った。

「精神疾患を疑う。彼らの病歴、知的障害の有無、幼少期の性的虐待の有無、そういったことについてデータを取っているのか。それがなければ、話にならない。議論の俎(そ)上(じょう)に載せることすらできない」

精神医学の分野で「動物性愛」が診断名として初登場したのは、一九八〇年に刊行された米国精神医学会の『ＤＳＭ（精神疾患の診断・統計マニュアル）』においてである。その後、一九八七年刊の改訂版で「特定不能のパラフィリア（異常性愛、性的倒錯）」にカテゴライズされた。最新版の二〇一三年刊『ＤＳＭ－５』では、「他の特定されるパラフィリア障害」に分類されていて、動物性愛は精神疾患のひとつに数えられている。

精神科医の質問に答えるなら、私が出会ったズーのなかには知的障害があると思われる人はいなかった。むしろ多くの人が知性派で、コミュニケーションもうまく、知的好奇心も旺盛だった。幼少期に性的虐待を受けたと断言する人もいなかった。虐待だけでなく、なんらかの性的トラウマがズーであることと関連していると考えている人もいなかった。ただ、こんな話をするズーたちは何人かいた。

「幼少期に、誰も味方がいないと思っていたけど、家で飼っていた犬だけは自分をいつも守ってくれた」

なんらかの理由で、もっとも心を開ける相手が身近な動物だと感じた経験を持つ人は、ズーには多いのかもしれない。

病歴についていえば、鬱病を抱えている人が多くいた。鬱病のズーたちのほとんどは、幼少期から思春期にかけてズーであると自覚しており、成人してから、仕事や学業などでの苦労も重なるなかで鬱病になっている。

たとえば、ねずみと暮らすザシャは、就職での失敗と、女性との恋愛の挫折などの理由が重なり、二十代で重い鬱病を発症した。現在も定職には就いておらず、社会保障制度を使って生活している。ザシャになぜゼータで活動するのかを尋ねたら、こんな答えが返ってきた。

「僕には捨てるものがなにもないからさ。ズーというセクシュアリティへの理解を促す活動は、誰かがやらなくちゃいけないことだ。しかし、家族や社会的地位など、守らねばならないものがあったら、こんな活動はできっこないよ。偏見にさらされて、バッシングもされ、嫌がらせも受ける」

ザシャのように鬱病で職がない人は、ゼータにはほかに少なくとも三人いた。彼らにとっては、ゼータで活動することが日々のひとつの目標となっているのだろう。鬱病が多いことは、ズーの特徴ではなく、ゼータの特徴だと私は考えている。

ズーであることを苦痛に思う誰かが、もしも病と診断されて安心するなら、それでよい。だが少なくとも私が出会ってきたズーたちは、自分を病気だとか性的倒錯者だとか、変態だとは思っていない。社会からそう見なされることを知っていて、それに苦しんでいる。そして、異常視する社会を少しでも変えたいと願っているからこそ、ゼータで活動をする。

私ではない誰かが彼らに会えば、まったく違う側面が見えていたかもしれない。それこそ「病気」の兆候などだ。だが、私は意図的にそれを避けた。目の前の人々を自分とは違う存在だとあらかじめ決めてしまうことが、嫌だったからだ。「病気」「変態」という言葉が示す排他性は危険だ。あの人たちは自分とは違う、という線引きをして、そこで思考を鈍らせる。

私にできることは彼らのありのままの生活を知り、私なりに摑んでいくことしかない。当事者ひとりひとりの姿がかき消されない、日々の実践が見たかった。

私が見てきたズーたちは、パートナーのパーソナリティを見出すための日常を生きていた。パートナーと種を超えて対等であるために、共有する時間のなかでパーソナリティを日々見つけ、それを味わう。共通の言語もない、異なる身体と心を持つ存在たちと、いかにして対等な関係を結ぶのか。動物をパートナーとするからこそ、その問題は如実に浮かび上がる。そして彼らはその問いに対して、生活のなかで答えを出そうとする。

ミヒャエルはあるとき、こんなことを言った。

「動物が僕に教えてくれたことはいろいろあるけど、もっとも大切なことは、その瞬間に集中すること。そのとき、役割を演じるのではなく、ありのままの自分でいること。嘘をつかないこと」

ミヒャエルは言葉を使わずに動物たちの心を読み取ろうとし、その希望に応えようとする。彼はきっと、飼い主という役割さえも動物の前で演じているつもりはないのだろう。

ロンヤはすべての時間をパートナーと過ごし、生活の中心に彼を置く。ティナとエドヴァルドは、ふたりの間に異種のパートナーを迎え入れて、性を含めた関係を築き上げようとしている。

ズーとは、自分とは異なる存在たちと対等であるために日々を費やす人々だ。

ズーたちは詩的な感覚を持っているのかもしれないと、私は思う。

動物たちからの、言葉ではない呼びかけに応じながら、感覚を研ぎ澄ます。そして、自分との間だけに見つかるなにか特別なしるしを手がかりに、彼らはパートナーとの関係を紡いでいく。

性暴力の本質

ズーたちと話しながら、私はいつも自分のセックスを思い返していた。彼らのセックスと性暴力には重なり合うところはほぼないが、しかし、彼らのあり方は私に自分を顧みさせた。彼らは、彼らのセックスと愛を語った。私はそのセックスも愛も、軽蔑することはできなかった。彼らは真剣だった。セックスや愛を通して、望む生き方について彼らは語っていた。

ズーたちのセックスは、それ自体が目的ではなく、パートナーとの関係のなかで対等性を叶えるための方法にもなっている。そのようなセックスのあり方は、性暴力のセックスのちょうど対極にある。

性暴力もまた、実はセックスを目的とはしていない。もちろん、一方的な射精欲の発露があって、その先にセックスがあるのだが、その欲望の根源にあるのは「相手を支配したい」という願望だ。暴力のなかのセックスは、目的ではなく、支配するための方法になる。そして、支配こそが、性暴力の本質だ。

支配のためのセックスを身体に刻み込まれていた私は、まさかセックスが、人間と動物の対等性を一瞬でも叶える力を持つなどとは思ってもみなかった。永久に体現できないかもしれないとも思えるその対等性を、ズーたちはセックスの瞬間に手にしている。

あるいはそれは、夢かもしれない。だが、なんていい夢なのだろうと私は羨んでさえいる。彼らはその瞬間に、愛とセックスを一致させる。支配する側から、そのときばかりは降りることが許される。愛する相手を「丸ごと受け入れる」喜びを得ながら、ズーたちは種の違いを乗り越え、パートナーとの対等性を叶えようとする。

人間と動物が対等な関係を築くなんて、そもそもあり得ないと考える人は多いかもしれない。だがズーたちを知って、少なくとも私の意見は逆転した。人間と人間が対等であるほうが、よほど難しいと。

ミヒャエルは、人間とのセックスについてこんなことを私に話した。彼が結婚し、「男女は定期的にセックスするものだ」と妻に言われて、それに従っていた時期のことだ。その経験から、彼は人間とのセックスを嫌う。

「人間とのセックスが嫌なのは、いつも裏になにか別の意味があるところだ。人間とのセックスは単純じゃないだろう。人間は思っていることを隠すし、フィルターに通すから」

フィルターとは彼独特の言い回しで、人間の価値観のようなものを指している。

「人間はひとりひとり、違ったフィルターを備えている。そのフィルターはいろんなものからできている。その人が生まれ育った環境、受けてきた教育。信仰、信条、社会規範。それから言葉。その人が影響を受けてきたすべてが関係して、ひとりずつ独特なフィルターができあがる。だから、人間を理解しようと思うと、そのすべての背景を理解しないといけない。セックスするときでさえ、人間はそのフィルターを外さない。だから、セックスするときも相手のフィルターをつくっているすべてを受け入れたうえで、相手の心を読まないといけない」

その人のフィルターをつくっているすべてを理解し受け止めようとするミヒャエルは、相手が人間であれ動物であれ、セックスという行為は相手を丸ごと受け止めることだと感じているのだろう。

また、彼にとっての夫婦間のセックスは、動物のように「したいからする」というものではまったくなくて、「婚姻関係維持のための交渉ごと」という意味付けがなされていた。セックスの裏側に張り付いたその意味が、彼にとっての苦痛の根本的原因だったのだろう。

ミヒャエルが言う「フィルター」を、その人を支えている考え方やものの見方だとしよう。暴力を振るう人は、まっさきにそれをずたずたに切り裂いていく。そうすれば人の足下は崩れていき、立っていることがままならなくなる。そうやって誰かの自尊心を打ち砕き、自立心を奪う。

その行為は、まず言葉で行われる。語り口ははじめ、柔らかいものでさえあるかもしれない。だが、次第に言葉は相手に傷を残すためのロジックを持ち始める。

「おまえは生きる価値のない、くだらない人間だ」という、いまなら笑い飛ばせる罵詈雑言を、私は暴力を受けていた当時、完全に受け入れきってしまっていた。私のフィルターはぼろぼろになり、もう、人の言葉を濾過（ろか）する役割を果たさなかった。暴力を完成させる最後の杭（くい）を打つために、男は私をレイプする。レイプは、私の身体を私から奪う役割を果たす。

暴力が導く関係性のなかで、「生きる価値のない、くだらない人間」という烙印（らくいん）を押されることは、パーソナリティの表出とは言いがたい。暴力によって彫り出されていくのは、支配する側とそれに甘んじる側が演じる役割分担のようなものだ。パーソナリティとは、関係性とともに揺らぎ、変化し、だからこそ味わわれ楽しまれるものだ。だが、性暴力によってつくられる役割は不変的で、暴力が繰り返されるたびに決定づけられる。「間違いなくおまえは、生きる価値がない人間だ」と。

私はこのような関係には、全力で抵抗しなければならなかった。支配されることを拒否しなければならなかった。だが、それができなかったのは、私のなかにも暴力性があったからだ。自分への暴力。私の暴力性は、相手の暴力性によって喚起され、自分自身へと向かい、自分を縛り付けた。

暴力には不思議なことに、何かを終わらせる力よりも何かを生む力があることを、私は体感的に知っている。暴力は、セックスと同じように身体に直接的に訴えかける。そして、ある意味ではセックスより生産的だ。憎しみ、怒り。そういった離れておきたい感情を暴力は次々に生み出して、人間を刺激する。そして暴力を受け続けると、自分のなかにもいずれ暴力性が芽生えていく。その矛先が誰に、あるいは何に向かうかは、人それぞれなのだろう。私の場合は、まっさきに自分自身に向かった。

私が自分自身に暴力を振るうのをやめるきっかけがあったとしたら、それは自らの欲望の有無や欲望のかたちを知ることだった。しかし、私は欲望を見失ったまま、まるで縄で縛られた動物のように、男に自分を明け渡してしまっていた。

ズーたちは、セクシュアリティの自由を求めている。私もまたそうだ。だが、私と彼らの間には、その意味に違いがあるように思う。彼らは「誰を愛するかの自由」を求めている。私は「セックスを語る自由」を求めている。それは、ズーがカミングアウトすることに似ていると思う。

結局は、なにものかわからない「社会規範」というものからいつの間にか押しつけられているセックスの「正しい」あり方は、一部の人々を苦しめ続ける。セクシュアル・マイノリティと呼ばれる人たちだけではない。異性愛者であっても、その状況は同じだ。誰かが語らなければ、鋳型（いがた）にはめられたセックスの輪郭は崩れていかない。

暴力の渦中にあったとき、私には「セックスを語る自由」はなかった。何重にも傷つけられて、複雑に層をなすかさぶたができていた。それを破って話し始める勇気は私にはなかった。だから、助けを請うこともできなかった。セックスから逃げる自由をも摑み損ねた。

離婚したころ、私の母はこう言った。

「このことは、誰にも話さないほうがいい」

母は、私の身を案じて言ったのだろう。誰かに偏見を持たれるくらいなら、秘密にして墓場まで持っていけ。親だからこその思いでもあるだろう。だがこれは、性暴力を受けた人間を傷物と捉える思考でもある。

それから数年がたち、周りの人に少しずつ自分の経験を話し始めてみたら、こんなことを何人かに言われた。

「性暴力を受ける人って、次に付き合う人からも同じことをされるんでしょう？」

彼らに悪気などない。むしろ私を気遣っているような口調だ。鈍感な親切心か、同情心か。

「きみも、本音ではそういうのが好きなんでしょう」

という暴言さえあった。

「そんなことはないですよ」

そう答えるので精いっぱいだった。家に戻ってから泣く。まるで、性暴力の原因が私にあらかじめ備わっていて、私という人間が常に性暴力を喚起するかのような偏見だ。このような発言をする人にとっては、きっと暴力は遠いできごとで、いつまでも他人事なのだろう。

母の助言は、ある意味で正しかったといえる。話せば話すほど、傷がえぐられることは多かった。こうやって「常識」や「偏見」や「社会の対応」によるスティグマがつくられる。だが、だからといって黙り込んでいるままではいられなかった。

「もう、嘘を抱えて生きていきたくないから」

「悪いことはなにもしていないのに、自分を隠すことに疲れ切ったから」

ズーをカミングアウトした人々に、なぜ思い切ったのかと理由を尋ねると、そのように言う。私には、彼らの切実さが理解できる。

ミヒャエルはこれまでに三回、ズーとしてのデモに参加している。街角で旗を立てて、ズーであることを示す。そのとき彼らは仮面もつけず、いつもの姿のままで、「動物を愛する自由」を訴えた。

「アンチがやってくるんじゃないかという恐怖心はあったよ。だけど、人目につくことが怖いというのはなかったな」

数年前のデモを思い出して、ミヒャエルは言った。性暴力やドメスティック・バイオレンスに反対するパレードで泣いてしまった私とは大違いだ。

「なぜ怖くなかったの？」

私は尋ねた。

「慣れたんだよ、そういう恐怖には」

その回答を聞いて、私は悲しくなった。ミヒャエルは不思議だという顔をして尋ねてきた。

「なんできみが悲しがるの？」

「偏見や好奇のまなざしにさらされる恐ろしさに、あなたが慣れてしまったことが悲しいんだよ」

「どうして？　それは強さだよ。恐怖や悲しみが人生にはあること、そしてそれはやってきては去っていくことをあらかじめ知っていれば、もうそんなものには振り回されないですむじゃないか」

暴力を受けてから二十数年がたち、いま、こうして経験を綴る（つづ）ることができたのは、ズーたちから勇気をもらえたからだ。「普通」ではない経験からくる、居心地の悪さ。それを打ち破ろうとするときには、私もズーもまったく同じ立場にいる。彼らのセックスと私のセックスは、この部分で重なり合う。

彼らに出会って、私は変わっただろうか。私が抱えてきたセックスの傷が、彼らと過ごした日々によって癒えたとは、私には言えない。だが、少なくとも私はひとつの段階を終えたと思う。怒りや苦しみから目を逸らすことはもうない。私はいま、性暴力の経験者として「カミングアウト」をしている。それは自分の過去を受け止め、現在から未来へと繋ぐ作業だ。傷は癒えなくてもいいのかもしれない。傷は傷としてそこにあることで、他者を理解するための鍵となることもあるのだから。そしてそれが、もしかしたらミヒャエルの言う「強さ」でもあるのかもしれない。

反論を許さない愛

ベルリン市街地の南に位置するテンペルホーフ地区に、私はアパートの一室を借りていた。緑豊かで広々とした公園が点在し、パステル・カラーの建物が立ち並ぶ。背の高い街路樹が、三階の窓を越えて枝葉を広げる。ズーたちを訪ね歩くのに疲れたら、私はその部屋にこもるか近所を散歩するかして、どうにか自分を落ち着かせていた。いちばん安くお腹がいっぱいになるケバブを買っては、私は公園に行ってかじりついていた。たまにひとりでそうやって過ごせる時間が、とても貴重だった。

テンペルホーフから十五分ほど地下鉄に乗れば、街の中心部に出る。カフェやギャラリー、レストラン、クラブが軒を連ねる。じっと静かに人と動物が見つめ合う空間に何日もいたあとで、ベルリンの賑やかさに触れてしまうと、私の戸惑いは増した。ズーたちの日常とあまりにもかけ離れていて、私が見た「ドイツ」の特殊さを痛感してしまう。

二〇一七年の七月上旬、私はロンヤ宅からバルバラ宅へ向かおうとしていた。

「バルバラの家で過ごしたあとはどうするの？」

ロンヤにそう尋ねられた。

「ベルリンにいったん戻って、一週間くらい過ごそうかな。その間に、エクスプロア・

ベルリンっていうフェスティバルに行くの」

私は、それがどんな催しなのかを彼女に説明した。するとロンヤはさっそくパソコンで検索し、「オー・マイ・ゴッド」と呟いた。

「私には絶対に無理だわ。そんなところに行くなんて！　セックスをするには、それまでに築き上げた関係性が必要よ。その場で出会った不特定多数の人たちとするなんて、あり得ないわ！　でもあなたが行くと言うのなら、止めはしない。気をつけてね。健闘を祈るわ」

実は、エクスプロア・ベルリンについてこんな反応を示したのはロンヤだけではない。エドヴァルドもまた、こう言った。

「うわあ！　よくそんなところに行くね？　きみは本当に冒険好きだな。僕は絶対に行きたくないよ。みんなで裸になって、そこらじゅうでセックスする？　どういうことだよ。お断りだよ！」

私がエクスプロア・ベルリンに行くのだということは、いつの間にかゼータの人々に知れ渡って、アーノルドはわざわざメールをくれた。

「気をつけて行ってきて。セクシュアリティをテーマとしているきみには興味深いんだろうというのはわかるけど、それが普通のドイツだとはゆめゆめ思わないでね。断言するけれど、それはごく一部の、変なドイツだ」

私は、彼らのこういった言葉をずいぶん意外に思ったものだ。その裏に、「ズーたちはセックスについてラディカルな考え方を持つ人々だろう」と期待する気持ちがあったのは間違いない。しかし、ズーたちは決してセックスについてなんでもよしとするわけではなかった。彼らはセックスする「相手」に関してはセンセーショナルだが、実のところ、関係性についてはまったく逆と言っていい。

彼らは愛している相手と、愛があるからセックスするのだ。その揺るぎない信念は、とても古風でロマンティックでもある。

ロンヤはこう言う。

「セックスは誰とであっても、素晴らしい経験になり得る。でもそれは、セックス以外の部分がうまくいっていることが前提よ。そうでなければセックスはなんのためにあるの？　そして、そう考えると、私とアヌークがセックスできたら、やっぱり素晴らしいでしょうね」

ロンヤにとって、セックスとは、よい関係性によって築かれた信頼の結果として生じるものだ。セックスが先にあるわけではない。ロンヤはこうも言った。

「なぜかはわからないけれど、どうしても、私にとっては愛してセックスする対象はいつもひとり（一頭）なの。複数を同時に愛することはできない。いまはアヌークがいるから、人間の恋人は持てないわ」

バルバラもまた、同様の意見を持っている。

「ルナが来てから、私は一度もほかの人とセックスしていないの！　人間の男性とも、女性ともね。必要がないのよ。ルナというパートナーを得て、ズーとして生きるいまは、最高に幸せよ」

　こんな話をするとき、彼女たちはどこか誇らしげだ。全身全霊でパートナーを愛しているのだと、主張しているようにも聞こえる。

　彼女たちのパートナーとのセックスには、一対一の絆を保証する特別さのような意味合いがある。私は彼女たちの言葉を何度も反芻（はんすう）しながら、どうしても湧き上がってくる違和感について考えていた。

　私はおそらく、意味を剝ぎ取ったセックスを求めていた。「愛し合う恋人や夫婦だからセックスするのが当たり前」「子どもを産むためにセックスする」「支配するためにセックスを使う」……、そういった、セックスが抱え込むさまざまな意味や、セックスが生み出す人と人の関係性の鋳型から解放されたかったのだと思う。そして私はそれを、ズーたちのセックスに期待していた。人間ではない存在とセックスするという彼らに、私は明らかにエキゾティックなものを見るような羨望のまなざしを向けていたのだ。

　あるとき、ミヒャエルはこんなことを言った。

「最近、考えているのだけど。ズーフィリアって、ラグジュアリーなセクシュアリティなんじゃないかなって思うんだ」

　そのとき、私たちはいつものように庭に出て、猫たちの遊びを眺めながら雑談していた。ミヒャエルは私にコーヒーのおかわりをついでくれ、こう続けた。

「というのはね、僕たちはパートナーの一生を、最初から最後まで受け止めることができるだろう」

　彼の念頭には、見送ったばかりのパートナーのキャシーのことがあったのだろう。

「パートナーの命を、そうやって見守ることができるという意味で、贅沢だと思うんだよ」

　ロンヤ、バルバラ、ミヒャエルたちが話す愛は、愛というものの型通りのあり方をなぞっているようにも私には見えた。意地悪な言い方をすれば、反論を許さない愛を彼らは主張しているように思うのだ。批判を受け付けない「本物の愛」がセックスの前提にあれば、彼らは強く立っていられる。彼らのセックスを守っているのは、保守的とさえいえるほどの愛の感覚だ。

　セックスを愛という楯で守らなければならないのは、なにもズーたちばかりではない。言いわけをしないでいいセックスなど、夫婦間のセックスか、愛し合う恋人同士のセックスくらいしかない。数え切れないほかのセックスは、いつだって言いわけを必要とする。そして愛は、さまざまなセックスのうしろめたさを力強く覆い隠す。私が経験した暴力のなかのセックスですら、そうだ。男はときに泣き、「愛しているからなんだ、許してくれ」と懺悔する。

愛はいつも、夢のように人々を覆っている。愛が実体のあるもので、それによって成り立つ真実があるならどんなにいいだろう。そんなことを思う私に、ズーたちはこう問いかけてくるかのようだ。

「じゃあ、きみは愛なしに誰かと対等でいられたことはあった？」と。

しかしそれでもなお、ズーたちがロマンティックにパートナーとの愛を語れてしまうのは、相手が人間ではないからだと、私は感じてしまう。彼らの愛は、ある意味で最初から保証されている。特に犬は、人間に惜しみなく愛をくれる。彼らはいなくならない。彼らは常に人間を必要とする。

「動物は嘘をつかない。だから、僕は人間よりも動物とのほうがコミュニケーションを取れる」

そう言ったのはミヒャエルだ。エドヴァルドはこう言った。

「動物は裏切らない。人間との関係には終わりが来るけれど、動物との関係は最後まで続く」

また、ロンヤはこう言った。

「犬はありのままの私を受け入れてくれる。障害の説明をすることさえ、必要がない」

ズーたちにとって、動物は動物でなければならない。彼らは人間の代替として動物を必要としているのではない。動物にこそ彼らは癒やされ、ケアされている。初めから裏切りのない「愛」をくれる相手と、彼らは暮らしている。

エピローグ

「セクシュアリティは今世紀最大の問題なんだ。これから人々はこのことについて、きっと、真剣に考えていくんだよ。食の次に、セックスは大事なことだと僕は思う」

クルトが住む街のまんなかを流れる大きな川のほとりを、夜、ふたりで歩いていたとき、彼は真剣な様子で私に言った。初めて会った日だった。懸命に話し続けたあとで、彼は言った。

「批判をせずに聞いてくれて、ありがとう」

ズーを知ろうとしている私には、彼の話をじっくり聞くことは当たり前だったので、「ええ、もちろん」という何気ない返答しかしなかった。だが、クルトにとってこのことは重大だった。誰かに打ち明け、話し合う手応えを彼は感じたのだった。彼はこの経験のあとに、友人たちにカミングアウトをしていった。

実は、私との出会いを経てカミングアウトをした人物は、クルトだけではない。「犬をコントロールしようと思う気持ちを捨てれば、犬とのセックスは自然に始まる」と話したクラウス、日本で出会った唯一のズーである達也も、クルトとほぼ同様の理由で周囲の身近な人々にカミングアウトをした。

カミングアウトをするつもりだと言われたとき、私は自分のせいで問題が起きたらどうしよう、と思わずにいられなかった。責任が取れない。彼らの人生に自分が少なからず影響を及ぼすことが、怖くてならなかった。結果的には三人とも、カミングアウトした相手の理解を得られ、人間関係も好転しているので、いまのところ私はほっとしている。

私にはズーを通してセックスや愛を考えたいという個人的な目的があって、そのためにはいつも客観的であることを心がけねばならなかった。だが、人間同士が出会い、かかわるとき、常に客観的立場を押し通せるものではなかった。カミングアウトという重大な行為にも、私はいつの間にか影響を与えてしまう。このことによって私は自分の立場をあらためて考えざるを得なくなり、怖じ気づきもした。だが、相手に正直に話して欲しいと思えば自分もまた裸にならねばならず、そのようなことを繰り返していると、否応(いやおう)なく私と彼らの距離は近づいていくのだった。

私たちは、人生のいろいろを相談し合うこともあった。互いに耳を傾け、言葉を発する。そのようなとき、私はふと、目の前にいるその人が、調査のための情報提供者であることを忘れてしまう。そして我に返り、抵抗する。私は観察者であらねばならないと。

心の波がそこで逆巻いて、私は疲れてしまっていた。

ドイツの旅も終盤に差し掛かった二〇一七年の夏の終わり、私はティナとエドヴァルドの家を訪れていた。三度目の訪問だった。ふたりは私にプレゼントを用意してくれていた。たくさんのお菓子と、ドイツの風景を収めた写真集。それから小さな包みがあった。

包装紙を破ると、鋼色のキーホルダーが出てきた。エドヴァルドが手作りしたものだった。金属のプレートに文字が彫ってある。

「本物の友情の美点のひとつは、理解することと、理解されること」

文字が目に飛び込んだ瞬間に、私は号泣していた。客観的であろう、主観を抑えよう、という自己防衛はもはや何の効力も発揮しなかった。そんなことを考えるよりも先に、涙が溢れ続けた。

物書きだとか、大学院生だとかいう肩書が全部、砕け散っていくのを感じた。どんな立場であろうと、人は影響を及ぼし合う。私は客観視するだけの透明人間には、とてもなれなかった。彼らにとって、私は「友人」なのだった。

ぐらぐら揺れながら、答えが出るとも思えない問題に首を突っ込み、あらかた自分のためにだけ動いている私というものを申し訳なく思ったから、涙が止まらなかった。客観的であろうという考えの不遜さにも泣いた。「セックスを語る自由」のために、力を分けてくれた彼らを通して、私はどんなものが書けるのか。

書き終えてなお、逡巡は終わらない。

ただ、ひとつだけはっきりと言えるのは、私とズーたちひとりひとりとの間に、それぞれのパーソナリティが出現していたということだ。私は、その事実をとても大切に思っている。私の目の前には、特別な人間たちがいた。そして、パーソナリティを発見する実践は、かたちあるひとつの「愛」なのではないかと、私はいま、期待してもいる。

あとがき

本書は、京都大学大学院人間・環境学研究科における修士論文執筆のための調査をもとに、ノンフィクションとして書き下ろした。一部の内容はすでに以下の論文として発表している。

「犬を「パートナー」とすること――ドイツにおける動物性愛者のセクシュアリティ」『犬からみた人類史』大石高典・近藤祉秋・池田光穂編、勉誠出版、二〇一九年。

「〝ズー〟になる――ドイツにおける動物性愛者たちによるセクシュアリティの選択」『コンタクト・ゾーン』十一号、京都大学、二〇一九年。

また、「エクスプロア・ベルリン」については『新潮45』二〇一八年三月号に執筆したルポをもとに大幅に加筆修正している。

論文執筆のための調査とはいえ、二〇一六年から二〇一七年にかけてドイツで経験したズーたちとの日々は、論文には収まりきらない数々の問題点を私に突きつけてきた。それらは私の個人的な過去の経験に近づくようで遠いままであるような、もどかしい距離でかかわっていた。そのもどかしさをひもとくためには、自己を開示することが必要だと思われたので、ノンフィクションを執筆することにした。

どこまでその目的が果たせたのかはわからないし、いまもって未解決のさまざまな問題が、ズーに関しては残されていると思う。私がこれまで見てきたものは「聖なるズー」の断片にすぎないのだとすれば、今後はその先を見極める必要がある。本書で描けたのは、動物性愛というセクシュアリティについての、あるひとつの見方でしかない。

しかし、本書をきっかけとして、身近な動物とのかかわり方について、また、セクシュアリティについて議論が少しでも活発になれば幸いである。

二〇一九年八月　熱波のベルリンにて

濱野ちひろ

文庫版あとがき

ミヒャエルの家には、黒い猫たちはもういない。同い年のきょうだいだった彼らは、一匹一匹と、あまり時をおかずに病気で亡くなってしまった。初めてミヒャエルの家を訪れてから、もう五年という月日がたとうとしている。動物たちにとってみれば、それは十分に長い時間だ。大切なパートナーや相棒たちを次々に喪ってしまったミヒャエルにとっては、きっと苦しみも多い日々だっただろう。

ズーたちが愛する相手を看取るとき、種の違いという残酷さをひときわ強く感じて、私はかける言葉を見つけられない。ミヒャエルだけではなく、ザシャもまた、あの愉快なねずみたちの群れを喪ってしまった。彼は獣医のもとに繰り返し足を運び、できることはなんでもした。そのころザシャは毎日のように、ねずみたちの体調や治療の報告を私に書き送ってくれた。精神的な危機が彼に訪れつつあるのは明白だった。だが私は日本にいて、会いに行くことはできなかった。

ザシャとの再会がようやく叶ったのは、二〇一九年の夏のことだった。本書を執筆し終えていた私は、三度目の調査のためドイツに渡っていた。群れを喪って一年はたっていただろうか、ザシャは田舎に引っ越し、新しい暮らしを始めていた。「もうあんなに散らかってないから、安心して」と言うとおり、住まいはずいぶん落ち着いていて、きれいだった。それが少しだけ残念だったのは、わざと言わなかった。

彼は地元を案内してくれ、見晴らしのよい高台に連れて行ってくれた。見渡す限り農地が広がり、心地よい風が吹き渡っていた。ザシャはねずみたちとの思い出を、彼女らの名前とともに、それぞれの性格を描写しながら私に聞かせてくれた。心から楽しそうに話しているのを見て、私はよかった、と思った。悲しみのどん底からは逃れられているのがわかった。しかし、久しぶりに心置きなく思い出話をしたせいで、ザシャは少し悲しくなってしまったようだった。

「ねずみたちのいない暮らしは、なんてつまらないんだろう」

彼はため息をついた。

「でも、ここじゃ、絶対にねずみは飼えないんだ。ご覧のとおり、大昔から農業をやってきた村だからね。穀物を荒らすイメージがあるせいで、ねずみたちは天敵扱い。大の嫌われ者さ。とてもじゃないが、飼えないよ」

ねずみとまた群れになって生活すれば、ザシャはもっと快活になるだろう。私を何度も笑い転げさせたブラック・ユーモアにも、さらに磨きがかかるに違いない。しかし、自分よりもずっと早く命を終えてしまうことが決まっているねずみたちとの暮らしは、ザシャにとって常に危機と背中合わせだ。だから私は、ねずみたちの話に大笑いをしても、口数は少なくなってしまう。

二日ほどザシャの家で過ごしたあと、彼の運転する車でエドヴァルドとティナの家へ向かった。ドライブは五時間以上かかったが、ドイツ人にとってはなんてことはない距離だ。ザシャは「ちひろを送り届けたら僕は帰る」と、あらかじめエドヴァルドたちに伝えていた。

到着すると、玄関にはご機嫌なバディが待ち構えていた。お気に入りのアザラシのぬいぐるみを咥えて見せびらかし、大きく尻尾を振って私たちを歓迎する。これまでにも何度となくされてきたアザラシ自慢だったが、バディの愛らしさに私はやっぱり胸を撃ち抜かれ、頬が緩む。この日、初めてバディに会ったザシャも、どうやら同じ気持ちになっていたようだ。エドヴァルドとティナとバディに歓待されるうちに、ザシャは帰る気をすっかりなくしてしまった。そして結局、私たちはみんなで一週間ほど一緒に過ごした。食事をしたり、買い物にでかけたり、観光したり、夜更けまでカードゲームに興じたり。もちろんどこへ行くにもバディと一緒だ。森に向かう日々の散歩も、みんなで楽しむ。

ある晩、リビングに集まって映画を見た後で、感想を語り合った。障害者の暮らしをテーマとするドイツのドキュメンタリー作品だった。身体の不自由な女性がエレベーターのボタンを押せずに戸惑うシーンがあった。それについて、エドヴァルドは言った。「僕は、ああいう状況を見ると、居ても立ってもいられなくなる。駆け寄って助けたい。だけど、映画だと見ていることしかできないのが、とてもしんどい」

その場面でエドヴァルドが居心地悪そうに身体を動かし、うう、と呻くような声を出したのは、私も気づいていた。強すぎるシンパシーが生じて苦痛だったのだろう。私が出会ったズーのなかでも、確かにエドヴァルドは特に繊細で優しい。だが共感性の高さや鮮烈さについていえば、彼に限ったことではなかった。

異種への共感力。言葉さえ必要としない、理解力。そういった力を、本書に登場するズーたちは誰もが備えていた。

エドヴァルドの感想からその事実を連想し、私はズーといると共感力の高さにいつも驚く、と話題にした。すると、ザシャは、「ひとつ思い出したことがある」と言って、こんなエピソードを話し始めた。

「以前、ある島でねずみの駆除が行われた。その島では害獣とされていたから。島のねずみは全滅してしまった。そのニュースを知ったとき、身を切られるようなつらさで、どうにもならなかった。僕はもちろん、ホロコーストの話にも同じく身を切られる思いがする。問題はね、僕にとってねずみと人間がまったく同等な存在だということなんだ。

どちらにも同じように共感しているんだよ。ところが、普通の人からしたら、ねずみと人間を一緒にするな、という話になる。僕がまるで冷たい人間だと思われるんだよな。それがトラブルだ」

いろんなことを一緒に楽しみながら雑談するうちに、こうして突然、はっとさせられる言葉に出会う。共感する対象に優劣をつけないことが、今度は逆に、人間への共感性の低さだと捉えられかねないこと。それは反転させてみれば、人間は共感すべき対象を無意識にあらかじめ選択しているのかもしれない、ということでもある。そうであれば共感は排他性も伴う。共感の裏側をもっと考えてみるべきだと、このときから私は思うようになった。残念ながら本書の執筆には間に合わなかったが、いまもさまざまな調査を続けながら、この問題意識をいつも心に留めている。

本書の単行本が刊行されたとき、ズーたちはひとりひとり、まるで自分のことのように喜び、祝福してくれた。そして同時に、心配してくれてもいた。「ちひろに批判が殺到するのではないか」、「バッシングをされるのではないか」、「嫌がらせは受けていないか」。彼らはそれを何より恐れていた。身近にそのような目に遭ったズーがいるからだけでなく、学術的な議論の場でも、欧米圏では動物性愛の研究はセンセーショナルに捉えられがちで、なかには周囲からの反応に疲弊し、このテーマから離れてしまう研究者もいるからだ。

ズーたちはそういった状況をよく知っているからこそ心配を募らせていたが、杞憂に終わった。オタクのアーノルドはなんでもパソコンで調べ尽くすので、「日本のウェブ書店のレビューを見たが、評判がいいじゃないか！」と興奮していた。もちろん彼には日本語は読めない。「アーノルドは何でも知っている」と周りから常々聞いてはいたが、日本語の題名を文字で伝えた記憶もない私は、彼の情報収集力にあらためて舌を巻いた。アーノルドから情報を得たズーの面々は、本書の日本での受け止められ方に驚き、感動もしてくれた。

私自身、刊行時には批判を覚悟していた。しかし、幸いにして誹謗中傷は受けなかった。一方で、自分もズーだと打ち明けてくれるメールは、現在でもときどき届く。また、受け入れられはしないけれど、理解はできたと言ってくれる人たちもいる。こういったとき、とても嬉しく思う。

なにもかもの違いを乗り越え、誰もが異質な他者を受容できるのならば、きっと世界は平和であるだろう。だが、そんな不可能かもしれない理想を追うよりも、現実的な共存を目指すほうがよほどいい。あなたの話を聞いてみて、私もある程度まではわかったよ、という感覚が、その最初の一歩だと思う。それを繰り返していくと、自分自身の行動力も行動範囲も、さらには世界の捉え方も変わっていく。

二〇一九年の夏、二カ月間の滞在の締めくくりに、ミヒャエルと会った。

いつものように部屋にこもってたくさん喋ったあと、散歩しようと彼が言ったので、ふたりでゆっくり歩いて大きな公園に行った。広々とした芝生に、人々がくつろいでいる。楽器を弾く人、ビールを飲む人、犬と遊ぶ愛犬家。みんなそれぞれ仲のいい相手と、長い夕暮れを楽しんでいる。

沈みゆく太陽の光のなかで、芝生に寝転がるミヒャエルは大きな猫のようだった。「ふう」という、声とも息ともつかない音が、私の喉から不意に出た。ミヒャエルの前では、私は自分を取り繕う必要をいまではまったく感じない。だからだろう。言葉になる前の声も、素直に出る。

ミヒャエルが「ん？　どうした？」と尋ねたので、私は言った。「ええと、うーん、あのね……。本を書き終えて、少しは、すっきりした気がする」

するとミヒャエルは目を閉じたまま言った。

「ああ、僕もそう感じるよ。初めて会った頃よりも、きみはずっと自由になっている。驚くくらいにね。素晴らしいよ。うん、きみはちゃんと自分の道を歩いているよ」

私にとっての世界の意味や、その捉え方は、ズーたちと真剣に関わるなかで、少しずつ新しくなっていった。彼らは人生の楽しみも喜びも、疑問も不安も、そして時には悲しみや怒りも、共有しようとしてくれたから。

ズーのみんなに、きっとそのうちまた会えるのを、私は心から楽しみにしている。そしてそのときには、ただの友達として遊びに行くんだと、決めている。

濱野ちひろ

二〇二一年九月

主な参考文献

・浅川千尋、有馬めぐむ『動物保護入門――ドイツとギリシャに学ぶ共生の未来』世界思想社、二〇一八年
・浦川道太郎「ドイツにおける動物保護法の生成と展開――付・ドイツ動物保護法(翻訳)」『早稲田法学』七八(四)、二〇〇三年、一九五-二三六頁
・倉野憲司校注『古事記』岩波文庫、一九六三年
・クレラン・S・フォード、フランク・A・ビーチ『人間と動物の性行動――比較心理学的研究』小原秀雄訳、新思潮社、一九六七年
・ジェームス・サーペル編『ドメスティック・ドッグ――その進化・行動・人との関係』森裕司監修、武部正美訳、チクサン出版社、一九九九年
・ジャン＝ジャック・ルソー『エミール(上・中・下)』今野一雄訳、岩波文庫、一九六二-六四年
・白水浩信「18世紀における子どもの性と教育的配慮――英・仏のマスターベーションについての教導書を中心に」『日本の教育史学』四一、一九九八年、二一三-二三二頁
・ダグマー・ヘルツォーク『セックスとナチズムの記憶――20世紀ドイツにおける性の政治化』川越修、田野大輔、荻野美穂訳、岩波書店、二〇一二年
・谷口栄一「ドイツにおける同性愛解放運動とその課題――ヒルシュフェルトから同性婚法まで」『大阪府立大学言語文化研究』一、二〇〇二年、一三-二一頁

・日本聖書協会編『聖書　聖書協会共同訳――旧約聖書続編付き』日本聖書協会、二〇一八年
・平井昌也「ドイツにおけるFKK（裸体主義文化）の歴史――ドイツ第二帝国からヴァイマル共和国までの時代を中心に」『西洋文学研究』三三、二〇一三年、一一－三六頁
・米国精神医学会『DSM－5　精神疾患の診断・統計マニュアル』日本精神神経学会日本語版用語監修、髙橋三郎、大野裕監訳、医学書院、二〇一四年
・ボリア・サックス『ナチスと動物――ペット・スケープゴート・ホロコースト』関口篤訳、青土社、二〇〇二年
・ミシェル・フーコー『監獄の誕生――監視と処罰』田村俶訳、新潮社、一九七七年
・ミシェル・フーコー『性の歴史I――知への意志』渡辺守章訳、新潮社、一九八六年
・ミダス・デッケルス『愛しのペット――獣姦の博物誌』伴田良輔監修、堀千恵子訳、工作舎、二〇〇〇年
・山極寿一『「サル化」する人間社会』集英社インターナショナル、二〇一四年
・Aggrawal, Anil, "A New Classification of Zoophilia," *Journal of Forensic and Legal Medicine* 18 (2), 2011, pp. 73-78
・Beetz, Andrea M.,"Bestiality and Zoophilia: A Discussion of Sexual Contact with Animals," in *The International Handbook of Animal Abuse and Cruelty: Theory, Research, and Application*, Frank R. Ascione (ed.), West Lafayette, Indiana: Purdue University Press, 2008, pp. 201-220
・Beirne, Piers, "Rethinking Bestiality: Towards a Concept of Interspecies Sexual Assault," *Theoretical Criminology* 1 (3), 1997, pp. 317-340
・Beirne, Piers, "Peter Singer's 'Heavy Petting' and the Politics of Animal Sexual Assault," *Critical Criminology*

10 (1), 2001, pp. 43-55

・Cassidy, Rebecca,"Zoosex and Other Relationships with Animals," in *Transgressive Sex: Subversion and Control in Erotic Encounters (Fertility, Reproduction and Sexuality)*, Hastings Donnan and Fiona Magowan (eds.), New York: Berghahn Books, 2009, pp. 91-112

・Kavanaugh, Philip R. and R. J. Maratea, "Identity, Resistance and Moderation in an Online Community of Zoosexuals," *Sexualities* 19 (1/2), 2016, pp. 3-24

・Miletski, Hani, *Understanding Bestiality and Zoophilia*, Bethesda, Maryland: East-West Publishing, 2002

・Miletski, Hani,"A History of Bestiality," in *Bestiality and Zoophilia: Sexual Relations with Animals*, Andrea M. Beetz and Anthony L. Podberscek (eds.), West Lafayette, Indiana: Purdue University Press, 2005, pp. 1-22

・Miletski, Hani, "Zoophilia: Another Sexual Orientation?," *Archives of Sexual Behavior* 46 (1), 2017, pp. 39-42

・Navarro, John C. and Richard Tewksbury, "Bestiality: An Overview and Analytic Discussion," *Sociology Compass* 9 (10), 2015, pp. 864-875

・Williams, Colin J. and Martin S. Weinberg, "Zoophilia in Men: A Study of Sexual Interest in Animals," *Archives of Sexual Behavior* 32 (6), 2003, pp. 523-535

解　説——愛という楯と動物たち

松　浦　理　英　子

ズーファイル——動物性愛者ということばを聞いて、人はどんなものを思い浮かべるだろうか。おそらくほとんどの人にとってあまり現実感はなく、辛うじて浮かぶのは、アダルト・ビデオ、ビザール・ビデオなどの見世物的な獣姦(じゅうかん)や、人間の異性がいない環境での代替としての動物との性行為、あるいは漫画などの創作作品の中の獣めいたキャラクターとの濃厚な交流くらいではないか。時々ニュース沙汰になる動物虐待者の方がまだしも現実味を感じられる存在かも知れない。

動物と実際に性行為をしたいと望む人は実在するのか。動物性愛を真正面から取り扱った本書『聖なるズー』を前にして、私たちの多くは第一にそう問いかけずにはいられないだろう。実在するとすれば、どんな人たちなのか。動物への性的欲望はどこから生まれどういうかたちで顕(あら)われるのか。また、その欲望は人格や人生にどのような影響を与えるのか。何よりも、そういう人々は動物を苦しめることなく幸せにできるのか。

刺戟(しげき)の強い題材である。また、極端にマイナーなセクシュアリティであるため社会的な意義がないとして、研究する価値を認めない人もいるだろう。しかし、過去に十年間にわたってパートナーから身体的・精神的なＤＶを受け続けた経験のある著者には、愛と性を捉え直したいという強い動機があり、必ずしも自身の問題と重なり合わなくとも、動物性愛を知ることで照らし出されるものがあるのではないかという思いから、大学院で動物性愛を研究対象に選ぶ。そして、ドイツにある世界唯一のズーファイル（以下、本書での呼び方に倣ってズーとする）団体ゼータを知り、現地に飛んでズーたちへの取材を始める。

一読して感嘆させられたのは、ズーたちが生きた人間として見事にスケッチされていることだった。登場するドイツのズーたちが知的でおだやかで友好的なのは、社会運動団体として創設されたゼータに参加したり著者と英語で会話できる人々であるし、ズーが決して社会や動物にとって脅威となる者たちではないことを伝える必要があるのだから、驚くべきことではないが、そうしたことばにまとめられる人物像や語られる思想・ロジックとは別のちょっとした部分で、著者は彼ら彼女らのその人らしさを活写する。

たとえば著者が最初に会ったズー、ミヒャエルは料理中、猫がネズミを狩った跡とおぼしき床の血の上にマカロニを数本落とすのだが、「気にも留めない様子で（略）それを拾い、そのまま大皿に入れてしま」う。七匹の雌のハツカネズミと暮らすザシャは、これも料理中剝いたジャガイモを入れたボウルの中にネズミたちが飛び込んでも「彼女らの好きにさせながらナイフが当たらないように気遣いつつ」平然と著者との会話を続ける。

　いずれもズーのイメージを補強するエピソードではあるけれども、ズーの核心に迫る事柄でもなく、なければないですむものだ。それなのに、文脈から離れてもとても鮮やかな印象を残す。私は小説を書く人間なので言わせていただくと、こういうふうにふと見つけた小さなエピソードを本筋とは関係なくひょいと挿れ、巧まずして作品を豊かにできるのは、すぐれて小説家的なセンスである。理論的なことも嚙み砕いて平易に書かれていることに加えて、そのような小説家的なセンスがあるために、刺戟の強い題材であるにもかかわらず、本書はたいへん読みやすく、かつ生き生きとして味わい深い作品になっている。

　とはいえ、ズーたちが語る動物性愛についての見解には、すんなりと説得される読者ばかりではないだろう。私も、動物好きとしてズーたちにある部分で親しみを覚えはするのだけれど、動物に性的欲望を抱かないという決定的な違いゆえに、彼ら彼女らはあくまで他者であり、時に頭の中で議論を交わしながら読むことになった。

　本書の中で論議を呼ぶことの一つは、「犬が誘ってくる」というズーたちの言い分だろう。罪を犯した小児性愛者などでも「子供の方が誘って来た」と言いわけをする事例があるため、この言い方にはどうしても警戒心が働く。私は犬が複数の人間の中の特定の人物に特別な愛情を抱くことがあるのは経験として知っている。雄犬であればその特定の人間に対して軽く性器を勃起させることがあるのも知っている。しかし、クラウスというズーの次のような見方はどうだろうか。

「まず、犬が僕の身体にのしかかってくる。その犬は（略）他の人には絶対そんなことしないんだよ。だけど僕とふたりきりのときに、僕にだけしてくるんだ。僕だから誘ってきたんだよ」

ある程度の説得力はある。しかし、体にのしかかるのはいわゆるマウンティングかも知れないし、犬が誘ったというのはクラウスの側の期待を反映した見方ではないかという疑念が完全には拭い去れない。この後クラウスが挿入される立場での性行為に及んだようだが、それも賢い犬がどれだけ人間の意を汲み取るか、また犬がどれだけお愛想で人間に合わせるか見憶えていれば、人間のしむけに犬がつき合った可能性も検討してみたくなる。私個人の観察ではあるが、男性器の勃起イコール性欲とは限らないとも思っている。

さらに、クラウスは「（犬は）嫌なら咬んだり吠えたりして、抵抗するじゃない」と言うのだが、これには同意できない。人間と共生している犬は、ごく少数の獰猛な個体や病気の個体を除けば、野良犬ですら人間を咬んだらたいへんなことになるとわかっているので、人間にひどい攻撃を受けない限りむやみに咬みはしないし、人間に飼われている動物は、犬より自分の欲求に従って行動すると言われる猫でさえ、個体差はあるものの飼主に嫌なちょっかいを出されても相当に我慢をする。咬まないから、唸らないから、あるいは逃げないから動物も受け入れていると考えるのは人間側に都合のいい理屈ではないか。

そもそも「犬が誘ってくる」という犬側に責任を負わせるような言い方がよくなくて、他のズーによる「犬とのセックスは、自然に始まる」といったことばの方がまだ耳になじみやすい。屋内で飼われずっと人間のそばにいる犬が、人間のフェロモンに反応して性的もしくは性的に見える行動を取ることがあるのを認めてもなお、私は「犬が誘ってくる」という言い分には懐疑的なのだが、著者も同様で、ズーたちの言い分をあり得ないと否定はしないが百パーセント肯定もしないという立場にとどまっている。

著者がズーたちを安易に擁護したり断罪したりするつもりがないのはあきらかだろう。ズーたちの家に何日も泊まり会話を重ね人間性をも見つめる著者が、心情的にズーを受容したいと願っていることは痛いほど伝わって来るが、本書で見られるのはあくまでも彼らの話に耳を傾け、ジャッジするのではなく、動物性愛を含めたセクシュアリティについて考え続ける著者の姿勢である。『聖なるズー』はそういう性質の著作なので、読者に対しても説き伏せるのではなく思考と議論に誘う。犬が誘おうが誘うまいが本書は誘うのである。ズーたちと、また著者と議論を交わしながら読むのが本書にふさわしい読み方だと思う。

ドイツを旅しズーやそのほかのセクシュアリティ探究者たちと出会う中で、著者が次々と考察すべきテーマを見出して行くさまもまた、本書の読みどころの一つである。ズーには、性行為の際に動物に対して受動的なパッシブ・パートの者と能動的なアクティブ・パートの者がいる。パッシブ・パートは動物に挿入しないが、アクティブ・パートは挿入を行なうので動物に負担を強いる恐れがあるという理由から、ズーの間でも道徳的な問題があると見なされがちである。男性器の挿入をもってアクティブ・パートを責めることは正しいのかと著者は問い、受け身であるがゆえに自分をイノセントと信じていられるパッシブ・パートの楽天性を控えめに指摘する。

著者がパッシブ／アクティブ、支配／被支配の関係に敏感なのは、ＤＶ被害者であった過去の経験の影響もあるかと思われる。本書ではズーたちを知って行く本流の物語のほかに、著者の過去の経験を源泉とする物語が伏流のように進んでいるのだが、終章で二つの物語の流れが合わさり一巻が結ばれようとする時、著者は動物との一対一の愛のある性行為を「どこか誇らしげ」に語るズーたちについて、「愛というものの型通りのあり方をなぞっているよう」「彼らのセックスを守っているのは、保守的とさえいえるほどの愛の感覚」と痛烈に批評する。

直後に「セックスを愛という楯で守らなければならないのは、なにもズーたちばかりではない」という、私たち全員に突きつけられる一文が書かれる。「楯」は〈正当化する口実〉とも言い換えられるだろうか。「愛という楯」をどうすべきか。これ以上のことを語ろうとするとルポルタージュや論文を越える文学の領域になるだろうと思うのと同時に、この厳しい認識に至るまでに著者が歩んだ過酷な道のりを想像すると溜息が出る。続くエピローグに描かれるズーの友人とのエピソードで、暗く沈みかけた心が温められるのだが。

素朴な好奇心から本書を手に取ったとしても、この真摯で内容豊かで題材以上の刺戟に富む力作を決して簡単に読み捨てることはできないだろう。『聖なるズー』を片手に私たちも再び思索の旅に出る。

（まつうら・りえこ　作家）

本書は、二〇一九年十一月、書き下ろし単行本として
集英社より刊行されました。

集英社文庫 目録(日本文学)

畠中恵 うずら大名
畑野智美 国道沿いのファミレス
畑野智美 夏のバスプール
畑野智美 ふたつの星とタイムマシン
はた万次郎 北海道青空日記
はた万次郎 ウッシーとの日々 1
はた万次郎 ウッシーとの日々 2
はた万次郎 ウッシーとの日々 3
はた万次郎 ウッシーとの日々 4
花井良智 美しい隣人
花井良智 はやぶさ 遥かなる帰還
花村萬月 ゴッド・ブレイス物語
花村萬月 渋谷ルシファー
花村萬月 風転(上)(中)(下)
花村萬月 虹列車・雛列車
花村萬月 錏娥哢奼(あがるた)(上)(下)
花村萬月 日蝕えつきる
花村萬月 花折
花家圭太郎 八丁堀春秋
花家圭太郎 日暮れひぐらし 八丁堀春秋
帚木蓬生 エンブリオ(上)(下)
帚木蓬生 インターセックス
帚木蓬生 賞の柩
帚木蓬生 薔薇窓の闇(上)(下)
帚木蓬生 十二年目の映像
帚木蓬生 天に星 地に花(上)(下)
帚木蓬生 安楽病棟
帚木蓬生 やめられない ギャンブル地獄からの生還
帚木蓬生 ソルハ
濱野ちひろ 聖なるズー
浜辺祐一 こちら救命センター 病棟こぼれ話
浜辺祐一 救命センターからの手紙 ドクター・ファイルから
浜辺祐一 救命センター当直日誌
浜辺祐一 救命センター部長ファイル
浜辺祐一 救命センター「カルテの真実」
葉室麟 冬姫
葉室麟 緋の天空
葉室麟 蝶のゆくへ
早坂茂三 政治家田中角栄
早坂茂三 オヤジの知恵
早坂茂三 田中角栄回想録
林修 受験必要論 人生の基礎は受験で作り得る
林望 リンボウ先生の閑雅なる休日
林真理子 ファニーフェイスの死
林真理子 トーキョー国盗り物語
林真理子 東京デザート物語
林真理子 葡萄物語
林真理子 死ぬほど好き

集英社文庫　目録（日本文学）

林真理子　白蓮れんれん
林真理子　年下の女友だち
林真理子　グラビアの夜
林真理子　失恋カレンダー
林真理子　本を読む女
林真理子　女文士
林真理子　フェイバリット・ワン
林真理子　我らがパラダイス
早見和真　ひゃくはち
早見和真　6 シックス
早見和真・文　かのうかりん・絵　かなしきデブ猫ちゃん
早見和真　ポンチョに夜明けの風はらませて
原宏一　ムボガ
原宏一　かつどん協議会
原宏一　極楽カンパニー
原宏一　シャイン！

原民喜　夏の花
原田ひ香　東京ロンダリング
原田ひ香　ミチルさん、今日も上機嫌
原田マハ　旅屋おかえり
原田マハ　ジヴェルニーの食卓
原田マハ　フーテンのマハ
原田マハ　リーチ先生
原田宗典　優しくって少しばか
原田宗典　スバラ式世界
原田宗典　しょうがない人
原田宗典　日常ええかい話
原田宗典　むむむの日々
原田宗典　元祖スバラ式世界
原田宗典　十七歳だった！
原田宗典　本家スバラ式世界
原田宗典　平成トム・ソーヤー

原田宗典　大サービス
原田宗典　すんごくスバラ式世界
原田宗典　幸福らしきもの
原田宗典　笑ってる場合
原田宗典　はらだしき村
原田宗典　大変結構、結構大変。ハラダ九州温泉三昧の旅
原田宗典　吾輩ハ作者デアル
原田宗典　私を変えた一言
春江一也　プラハの春(上)(下)
春江一也　ベルリンの秋(上)(下)
春江一也　カリナン
春江一也　ウィーンの冬(上)(下)
春江一也　上海クライシス(上)(下)
ロジャー・パルバース　早川敦子・訳　驚くべき日本語
半田畔　ひまりの一打
坂東眞砂子　桜雨